李茂樟————著

旅途不孤獨

旅行是 行走在對遠方的渴望

一位勇敢前行的旅遊工作者

李茂樟先生，從年輕時在巴西工作，後而旅居美國加州，累積了豐富的旅行經驗。回台定居後轉入旅遊業。在各地旅遊之時，除了提供高品質服務，更隨時關注當地人文典故精彩事跡，讓旅遊充滿知識與品味並重。

因緣際會之下，茂樟先生把他這些年的旅遊筆記，做了整理，打算集結印行，做為個人的足跡記錄，並與同好分享。他自謙文筆簡陋，篇章雜亂，實在是鼓起十足愚勇來面世。

在我看來，茂樟的旅遊筆記確是有些不同，細讀下去，好像是在講典故講詩文，並沒有詳細介紹當地景點。他去的那些地方，我們好像都知道，尤其是我們做旅遊的，雁門關，鐵門關，開封，巴西，我們同行很多都去過，但是從他的筆尖下述說的情境，我們好像並沒有感受過。

他的篇章，多是簡短易讀，配合手機拍攝的精彩相片，介紹一段段值得保留的回憶，隨著篇章發展，我們好像在參與時光軸線，感受周遭曾經走過的人物景象。對了，就好像在車上，聽他講著故事。問過他，他說了的確嘗試在旅行中，扮演著說書人的角色。

在車上分享故事，可以用較長的時間慢慢講，還可以營造情景氣氛。但要濃縮成精簡的文字而不失韻味，那就不是簡陋了。平心而論，做為一位素人作者，集結筆記成冊，相當不容易。

領隊協會人才濟濟，茂樟領隊更是出類拔萃，尤其在疫情嚴峻之時，能將旅遊帶團所見所聞集結成書，分享領隊及旅遊同好者，為來日旅遊解封開放後做準備。協會也會提供一切必要的資源，我們必須提升自己，將來貢獻更優質的旅遊。

祝賀茂樟先生的作品印行出版，也期待日後再分享他行程中筆尖下精彩的所見所聞。

觀光領隊協會理事長／張榮坤

旅遊，發現不一樣的世界

即使身處在同一個世界，你我發現的卻是不一樣的世界——這就是旅遊。

曾聽人說，熟悉的地方沒有風景。一個地方住久了，眼中的一切都變得平淡無奇，單調乏味。一成不變的日子裡，不會再有令人感動的事物撲面而來；平淡的生活中不再有激情燃燒，激情早已找不到燃點，不再有對夢的追求。

有些事情現在不做，一輩子就再也不會做了。例如旅行。手拈一段過往，遊一段旅程，看一個風景，思一段歲月。結果造就我栽進旅遊業一晃就是三十三個年頭。

翻開一頁頁的旅遊文章，記錄的都是茂樟兄美麗的情緒。身為旅遊業的我，很喜歡看用這種方式來詮釋自我的心靈，因為那是屬於我們自己的文字和記憶。每一次閱讀，總能把我的心境帶入一片寧靜的天空，那裡有我熟悉的一切快樂和疼痛。

旅遊，是人們多麼喜歡的字眼，它能夠使你中斷每天周而復始的煩人瑣事，在平凡俗氣的生活裡暫時解脫。旅遊觀光，領略山水，感受不同的風土人情，還能增長見聞。正是「離家三里遠，別是一鄉風。」要走出去，才能享受大自然，使自己的胸懷得以舒展，心靈得以淨化！

常人說：「不登山，不知山高；不涉水，不曉水深；不賞奇景，怎知其絕妙。」讀萬卷書，還須行萬里路。只有親身實踐，身臨其境，才能切身體會。登高一望，才會領略到杜甫「會當凌絕頂，一覽眾山小」的氣魄；駐足山中，才會感受到魯迅先生「躲進小樓成一統，管他春夏與秋冬」的奧秘；跋山涉水，才能體會到李白「五嶽尋仙不辭邁，一生好入名山遊」的追求。從茂樟兄的文章中，你會覺得，生活並不總是乏味，一切都可以完美，處處充滿陽光。

　　這些年，茂樟兄把旅行當成一種追求，就像個徐霞客。每當完成一次旅行，就如同完成一次思想和情感的補充。

　　人生就像一場沿途賞景的旅行。讓我們從容欣賞，享受過程，珍惜美好，開心前行。

　　書要印刷了，感觸良多的不僅是因為一項工作的終結或是結果，更多的是茂樟兄從寫作反映了工作經驗和知識積累的全過程。書記錄著其心路歷程。闔上書本，您是否也開始用心去規劃並享受沿途的風景呢？旅遊最美、快樂相隨。

鴻祀國際旅行社／夏光遠
2021年5月25日

推薦序
您為「萬里路」留下什麼？

　　讀茂樟先生旅遊筆記，沒有風花雪月，卻讓人意猶未盡的耐著性子細讀。

　　一個中年人在戰勝病魔之後，開始變身雲遊四海的俠士，筆尖下會有什麼樣的故事？會有什麼不同的思維？

　　想知道清明時節的由來嗎？想體驗在五台山上抄心經，心可淨了！還有在塞外冷冽的寒冬巧遇中國鬼節，家家戶戶在煞氣的街口焚紙錢燒衣物，是何等驚悚的畫面？

　　火，燒得詭異，卻又溫暖……

　　這就是作者李茂樟先生的筆尖描述，不同於一般的旅遊手記所呈現的，他讓我們重新思考歷史，重新再看文物，也許這些景點我們都走過也都看過，但想想，自己留下些什麼？或只是拍張照片到此一遊！你可記得又有多少英雄人物埋沒於此。浪，淘盡千古風流人物，爾今安在？最終都孤獨的走了，走了！只有作者藉著領隊的足跡，記錄片段，為這孤獨的世界，添上溫暖！

方荷

2021年5月・於屏東

推薦序
一本俠情奇遇的人生旅遊記事

　　小時候喜歡看清代文學家張岱所寫的《陶庵夢憶》，在書中有很多描寫他出遊的一些文章，雖然說是遊記，但是在這裡面卻有很多的故事在其中，往往平淡無奇的文字中，卻有很深的趣味。也喜歡看劉鶚先生所寫的《老殘遊記》，在書中除了景物之外，旅途中遇到的人事物，都展開一幕幕精彩的故事，這些故事對身處台灣南部鄉下的孩子來說，因為和自身經歷的差異很大，所以就產生了很多的想像的樂趣在其中。所以從小喜歡讀遊記，透過人家的旅遊故事，往往我們也跟著書中的情境走過了很多的地方，這也就是為什麼遊記總是那麼吸引人的原因。

　　現在又一本精彩好看的遊記來了！

　　十幾年前在北加州遇到了茂樟兄，這位濃眉大眼、聲音雄渾的大哥，一開始給人的印象就是充滿了熱情和溫暖，又兼有一股古代俠客的豪氣。和他多聊了一些他的過往經歷之後，就覺得這位大哥的故事相當精彩，後來他寄了一份他所寫的文章給我看，我發現這樣一位看來線條粗獷的中年男子，卻有著非常細膩生動而華麗的文筆，看著他的文章會在很快的時間內進入一個畫面中，又從畫面中看到了精彩的人、事、物，彷彿跟他一起走過每一個精彩的情節，沉浸在他所經歷的故事裡。而看了他的文章之後又往往會對他在故

事中所要表達的人性的真善美和人生的各種無奈感受良多，常令人低迴不已。

　　這本書雖然是茂樟兄的旅遊筆記，但是在書中可以隨處見到他細膩的觀察角度，再配合他淵博的學識及天生很會講故事的文筆，我覺得他的書會是我們在涼快的初秋午後，睡完午覺、泡杯清茶的時候，可以興致勃勃地暢快閱讀的一本好書。往往很快地會把你所在的時空帶到完全不同的境界去，可以去感受在這個世界上的某個角落，某個人的生活片段、故國之思和異鄉之美、高山峻嶺和大洋風光、古代的帝王將相和現代為生活努力拚搏的小百姓，都透過這位亦俠亦儒老頑童的手眼，呈現在這本精彩好看的書中。尼采曾經說：「我喜歡閱讀，因為我可以漫步在別人的思想裡。」而看茂樟兄的書，我們也可以漫步在他的精彩歷程中。時而俠骨柔情、時而慷慨激昂、時而浪漫熱情、時而知性趣味。

　　為這樣的一本好書提筆為文，真是愧不敢當，沒有辦法增加他這本書的光彩，只是想很誠懇地告訴所有讀者：讓我們翻開本書一起和茂樟兄走入書中的場景，看看他的精彩人生故事。敬邀大家一起出團同行囉！

中醫師、工程師、作家／林大棟
謹序於北加州矽谷

推薦序
千山萬水鐵漢柔情

　　跟茂樟師兄印象最深刻的一次對話，也是讓我對他全然改觀的一次對話，就是談起他的學生時期，他是教官眼中非常愛提問題的學生，軍訓帽歪歪戴，不愛穿制服。

　　也是那一次的對話，知道了他喜愛閱讀文學歷史。那個外型與內在形成強烈對比的人格特質，當下讓我心中有些了然，這位皮膚黑黑，看起來粗獷的大漢，絕對不是我的眼光所能看透的。

　　漸漸的，喜歡跟他聊天，因為他很樂意與人分享他的心情點滴，不管是他的過去或是近況，他總侃侃而談，讓我覺得他的人生很精彩，總有講不完的故事。只是，怎麼也沒料到他人生最精彩的一段故事才要開始……

　　時間回轉到他要受證委員的那一年，正好被公司裁員，好不容易得到一份新工作，實在很難請假回台灣參加受證營隊。身為培訓的我，也不能再增加他的壓力，畢竟「顧佛祖，也要顧肚子」，沒想到他的願力十分強大，無論如何，就是要回花蓮。最終，還是順利成行，也正是因為如此的願力，救了他自己一命。

　　怎麼說呢？因為在台灣，才能讓他在發病時，及時發現罹癌，立即接受治療。這一場大病，當然給師兄很大的打擊，但這場病，也印證他過去幾年學佛行善的修行沒有空過。

與慧萍師姐 ▶

　　看著他一步一步勇敢走來，搬遷回台灣，把心交給菩薩，把身體交給醫生；住院期間，這位暖男把握因緣去關懷病友，藉著自身抗癌的經驗，讓他的撫慰更為有力，給癌友很大的鼓勵與希望。

　　敬佩師兄不因病苦起煩惱，用生命教育生命，幫助癌友轉念，勇敢面對病痛，這不就是

　　《無量義經》中：「雖有生死無畏懼，百八重病常相纏，悲憫眾生不顧己，譬如船師身有病，若有堅舟猶度人」的真實寫照嗎？

　　如今他能再度工作，陪著團友走遍好山好水，讓我這個沒有機會跟隨的鄉巴佬，能夠藉著他的妙筆跟雙眼，見到人世間美好的心地風光。

　　最後僅以一首打油詩來讚嘆這位生命的勇士：

　　「頭好壯壯李茂樟，寫了一手好文章；曾經人生忙啊盲，山山水水走四方；

　　體會生命的無常；行善助人不遑讓；寫出暢銷排行榜，鐵漢路長情更長。」

加州會計師／劉慧蘋

推薦序
一趟美好的感恩之旅

美國西北合心區幅員廣大，就算在舊金山灣區各個互愛區也相距遙遠。跟茂樟師兄不算太熟，可能因為我們沒有太多共同的朋友，沒有太多的交集。

聽說他因為生病留在台灣治療，也在帶旅遊，我心裡想生病又帶旅遊，想必生活艱辛，有機會或許我可以做點什麼。

我的母親患了失智症又有糖尿病，一直由哥哥、嫂嫂、弟弟和弟妹細心在照顧，讓遠在國外的我除了感恩還是感恩！因此在母親往生後，一直想要感恩兄弟姊妹們。因緣的會合讓我想到茂樟。一趟緬懷佛恩緬甸行，就從原本只有家人而擴大成親朋好友團。

除了觀賞景點，細心的領隊讓我們整理二手衣物與結緣品，去送給孤兒院和貧苦孩童。這樣另類旅遊，也成就了隨後緬懷佛恩團隊在緬甸蒲甘，對孤兒沙彌學校捐贈電腦，援建電腦教室推行環保教育的活動。一趟懷念母親，與對兄長的感恩之旅，更加完滿！

2021年新冠肺炎開始蔓延全球。當大家在街頭排長隊買口罩與酒精時，我們響應政府呼籲，把醫療用品留給前線，而沒有去排隊去買。當時他家美惠在家裡縫製布口罩分送所

需，就在返美前夕，茂樟換了幾班公車，親送到我家，當下的感動與溫暖深刻印在心裡，一個外表粗獷的男人竟有如此細膩的心！

　　一個感動的心所產生的善效應，就是回美後積極整合志工縫製布口罩，送給疫情嚴重的北加州各個有需要的單位。感恩茂樟所搭起的橋樑！

　　茂樟即將把因病退休，中年轉業後的帶團生涯記錄成書。祝福他越走越健康越精彩，用他的腳步、他的記述，帶我們感受不一樣的旅遊……

努力撰寫人生成績單的平凡家庭主婦／劉寶足

2021年6月6日，於台北

▼ 北加州精進課

生病後，更懂得生命的疾苦

2010年在北加的一場慈濟法親聚會中，遇見茂樟師兄和他家的美惠師姊，當天雖然沒有過多的交談，但這對夫妻的熱情仍然留下深刻印象。這一面之緣延伸至今日，使我有幸為其書提筆為文。記得當天我帶了一盆芒果布丁前往會所，沒想到多年之後那盆布丁竟然成了師兄對我唯一的記憶。再次在北加見面，已是數年之後。

師兄緩緩道出他在北加州消失幾年的原因：當年回花蓮營隊，發現腦袋裡有個已經在臨爆邊緣的腫瘤，不能搭飛機因而必須留在當地就醫。多次針對頭部電電擊造成體弱憶衰，只留下那天印象深刻美味布丁的回憶，從此「布丁師姐」成了我的名字！

經過一次次辛苦的電療，慢慢恢復體力之後，或許正因為不甘心於此生沒走過的山山水水，茂樟師兄選擇退休轉業成為一名用腳記錄生命，用心體會人間的旅者。2017年七月，我想要一趟不用腦袋的旅行。於是跟著師兄，開始了七天的緬甸之旅。

啟程之前師兄透露，可能有機會拜訪當地偏遠鄉鎮的孤兒院，在機場時看到其他團員們各自掏腰包準備了許多文具用品要帶給孤兒院的小朋友們，我則準備了一皮箱家中三個小男生穿不下和募來的舊衣服，心中充滿了對未知的期待，踏上了觀光和慈善的旅程。

為了寫這文，找出了當時的照片，一幕幕記憶浮現眼前。回憶起蒲甘路邊三位賣紀念品的小男孩，當他們接過家中孩子的舊衣服時，開心的叫跳著立刻就穿上了，稚嫩的臉龐顯露著滿足笑容。或許因為期待著更多的驚喜，這一天，他們一路追著我們的遊覽車，每到一站，一下車就會見到他們滿臉天真的笑容，北加來的舊衣服成為他們珍貴禮物，也拉近了我們的心。

　　我忍不住的想，在美國富裕的生活下，孩子們拿到一件衣服可能就是隨手一丟，但在蒲甘這三個偏鄉孩子心中，小小年紀就必須體會生活的現實與辛苦，為了一件舊衣服而歡欣鼓舞追隨我們一天。每每看到這張照片，我的內心總是五味雜陳。

　　茂樟師兄陪著團員們，除了體會各地特殊的風俗民情，美麗的風景人物，最特別是，他帶著團在旅途中布施，適時伸出援手給予溫暖的行動，讓他的團友也有機會參與。

　　慈悲的目光與堅定腳步中，讓我們有機會看見一般人看不到的苦難，從而伸出援手之後，也更能珍惜我們所擁有的幸福。

　　祝福這位行走人間的菩薩平安自在！

林靜芝

2021年5月1日，於美國北加州

自序
看五嶽三江雄關要塞，
美麗的錦繡河山

從嘉南平原隨父母搬遷北上，離開了寬廣的平原，狹小巷弄與家旁的小學操場，是孩子們的廣闊天地，不遠處，醫學院裡林立的建築成為我們的探險叢林。

就讀的中學前身是空軍子弟學校，進校門就是陳懷生上校銅像。我們唱的是空軍軍歌。

從那時起，「遨遊崑崙上空，俯瞰太平洋濱。看五嶽三江雄關要塞，美麗的錦繡河山」就是心裡對於將來的遠大夢想。

年輕時遠赴美洲旅居，多年後再回臺北時，突如其來的一場病痛讓我必須留在醫院裡。病床上方蒼白的天花板，成為我對遠方無力的仰望。午夜時病房外廊間，是我無力戲耍的操場。前往地下一樓那座巨型放射機器的路上，成為必須無悔前往的驚險叢林。而雄關要塞還沒去，五嶽三江是越來越遙遠了。

治療完成後的中年轉業，是為了重拾童時夢想。

一去那月亮輕吻的銀色草原，感受那美麗的顫音
吹奏的悲涼曲調，

去行走那太陽燃燒的金黃沙漠

用一個篇章，記述曾經到過的地方。

用一張相片，留下過往回憶。

整理文稿，回憶自己走過的旅途。

我的旅行，是行走在對遠方的渴望。

目錄

天下雄關何其多
唯有此關最無聊

● 詩人認證最無聊的關口——鐵門關

「江水三千里，家書十五行。行行無別語，只道早還鄉。」
——〈京師得家書〉，袁凱 ● 明初詩人

　　古代的詩歌當中，羈旅思鄉詩占了很大的分量。古代的中國就已經是幅員遼闊，讀書人要想爭取功名，要靠近帝國的權力核心，就必須在少年時開始背負行囊，奔走在晉身仕途的道路上。

　　當中有不少人最終得償所願，在帝國的史書上留下印記；但卻有更多的人，功名無成歸鄉不得，終其一生在名川大山漂泊漫遊。這些人都在生命的旅途中留下了不少的思鄉詩詞。明代袁凱這首「京師得家書」短短二十字。短而簡單，卻是含著多少思鄉情！

　　袁凱是松江華亭人，大概是今天的上海市松江縣。當時朱元璋當皇帝，袁凱在南京任職監察御史；詩詞中「江水三千里」只是個借喻。他任職地南京離家鄉上海並沒有多遠。

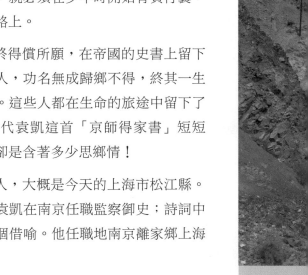

要說離家很遠的，盛唐時有位岑參「ㄘㄣˊㄕㄣ」（715-770）以邊塞詩著名於世，河南荊州人。出塞任安西北庭判官（王維寫渭城曲送元二也是到安西），駐守邊寨安西四鎮（焉耆、龜茲、于闐、疏勒）也包含了鐵門關，這就真的是離家三千里了。

　　岑參駐守在鐵門關（今日新疆庫爾勒）時寫下了「故園東望路漫漫，雙袖龍鍾淚不乾」，離家三千里，又不能隨便請假回家，想念家人時「淚不乾」大概也不誇張吧。

鐵門關地裡位置 ▲

　　相對於其他戰鬥型的山關要塞，鐵門關發生過的戰役並不多，平日的雜事也不多。岑參又寫下了「鐵關天西涯，極目少行客。關門一小吏，終日對石壁」確切描述了邊塞生活的無聊與無奈，就是這句「關門一小吏，終日對石壁」給鐵門關貼上了最無聊關口的標籤。

　　雖說岑參在詩詞中說了「極目少行客」，但石碑上倒是記載了曾經走過這裡的行客，人人都是大有來頭。班超、張騫、唐玄奘，近代的林則徐都曾在這裡留下足跡。

　　在古代歷史上，西漢武帝時張騫兩通西域，宣帝時侍郎鄭吉率兵屯田；東漢時班超反擊匈奴；唐朝時，玄奘西行天竺；清朝時，林則徐勘察水利。這些歷史上英雄人物的足跡馬蹄聲，都曾把鐵門關大地叩響。

班超（32─102），東漢將領，領軍三十二人平定西域五十個國家，這個記載有點誇張，但他曾在鐵門關旁的溪流駐留，讓馬匹飲水進食，飲馬川因此成名。

　　張騫這位人物不但是軍事家，更是探險家，也是一位旅行的先行者，如果現代旅人要推出一位老祖師，張騫這位前輩應當之無愧。

　　玄奘（602─664）在貞觀三年（629）西行到天竺取真經，歷時十七年，路程五萬餘里，途徑一百一十多個國家。其路途的艱辛，事件的傳奇色彩較之小說猶有過之。貞觀十六年（641），玄奘啟程回國，回程抄近路經南絲路新疆轉東絲路，只用了四年回到長安。玄奘法師取道今新疆，那鐵門關就是必經之路。

　　鐵門關，號稱「天下最後一關」。南北疆分界點，古絲路，北疆通往南疆的唯一通道。我們從烏魯木齊走北面環線一路前來，次日再前往庫爾勒就會搭機返回山東，停留一晚回臺北。團友們從不適應野外旱廁到接受這段超越我們認知的天外風情，開始在心中選擇北疆環線，成為應該推薦前往的名單。

　　長途拉車途中（路途真的很遙遠）可以看窗外連天草原接連著藍天白雲，還有揮著鞭子帶領羊群，可可托海的牧羊人。

　　大家忙著拍照，我們慢慢爬上小丘，望著關樓外險峻山崖，想像著岑參的關樓歲月，想像著張騫，班超幾位豪傑出

使西域時，帶著百多人從北路出塞前往境西未知之域的豪情壯志。

在鐵門關前教唱〈高山青〉，伴和著偶遇維吾爾婦人的回族歌曲，我們牽手跳著跨越數千里的無名舞。要是我們早些來此攪和，岑參應該不會覺得鐵門關這麼的無聊。

深秋來此，體驗詩人的關樓歲月。

旅遊筆記

鐵門關（新疆庫爾勒），距烏魯木齊五百公里。扼孔雀河上游陡峭峽谷出口，中國古代二十六名關之一，號稱天下最後一關。

鐵門關地裡位置 ▶

可可托海來的炒菜人

．．．．
旅遊筆記

一路指導如何完成這個行旅筆記的大棟跟我說，鐵門關
有什麼好吃好玩的現代元素呢，要不要記述一下？千古
認證的無聊地方會有什麼呢？

來講一下「我在新疆炒菜的日子」好了。為那幾位全程
素食的師兄姐，得到餐廳廚房同意，領隊進廚房炒素菜
給幾位舟車勞頓的朋友加菜。

　　旅遊中，吃飯佔很大的比重。三餐按時吃，八菜一湯，
有飯有麵，有時候還有點心飲料（這個不一定哦）。各地特
色菜都會安排。基本上就是「五二八三」，五天行程走下
來，體重多兩公斤，八天就會多出三公斤。

　　在富庶的地方旅行，通常蔬菜會吃多一些，成本較低。
到了邊疆蔬菜會上的比較少，成本太高。

　　對於全程素食的朋友，大概就是三菜一湯。吃過最好的
素食在緬甸，雖是個佛教國家，但南傳佛教並不食素，人們
素食也不普遍。對於我們外來的素食者，卻能供應精彩食材
高檔的素餐。

在歐洲，素食就是以菜蔬果類天然食材較多。台灣可說是素食天堂，食材豐富多樣，素食者很幸福，還可找到素食一條街。

到了中國的邊疆十萬大山裡，素食就是一大挑戰了。

來到北疆，越過南北疆分界嶺到了一個小街鎮。先與午餐的餐廳聯絡，請廚房要重點注意清洗餐具與廚具，素食餐必須使用乾淨的新油。

到了餐廳，幾位素食者還是想要與大家同桌用餐，他們的餐點另外端上。照例，請地陪進廚房看看有否照交代的準備。出發前台北方面就再三叮嚀，同行的地陪也是有經驗的，會先行多次確認。

看看這小餐廳，廚房應該可以溝通，打個招呼我也進了廚房。

　　拿出台北帶來的菜脯乾洗淨，捏乾切丁加點糖，菜脯蛋很快完成。自備乾海帶先洗淨，直接加水醬油糖大火煮上。用很多蒜頭爆香倒入玉米罐頭的玉米濃湯。鹽炒花生也拿出來，大家都可以吃。行程快接近尾聲，沒剩了。

　　為幾位舟車勞頓遠行而來的素食朋友加點菜，他們慈悲又包容，從來不嫌棄。

　　在偏遠新疆的餐廳，台灣來的領隊，上得了廳堂，進得了廚房。

　　我是剛從可可托海過來的炒菜人。

　　那個燒炭火的爐子真的是個考驗，要小火就要把鍋拿高。爆炒青菜還行，小火煎蛋舉鍋就舉到手酸，但就這樣，煮出來的菜，也更顯得彌足珍貴。

金庸筆下最對不起的五個人

● 蕭峰在內，幾個要角都被迫跳崖——雁門關

　　《天龍八部》，是金庸筆下最宏偉的小說。而金庸卻讓幾位主要人物跳下了雁門關，幾位悲情的人物，蕭峰之父蕭遠山致力於宋遼睦鄰修好，卻遭慕容博陷害、引致中原高手的圍殺，最後抱著亡妻跳崖，留下孤兒蕭峰。

　　不知自己身世的蕭峰，長大後成為丐幫幫主，為了宋遼和平，換取遼兵永不入侵，在雁門關自殺，陪伴死去的戀人

阿朱。阿朱的妹妹阿紫,被金庸寫成刁蠻陰戾、自私刻薄、陰險毒辣及冷血無情,卻為了對蕭峰的深情,抱著死去的蕭峰跳了下去。小說中阿紫眼中的窩囊廢——游坦之,對阿紫迷戀,自挖雙眼醫治阿紫,阿紫不屑又挖出來丟掉。目盲的游坦之知道阿紫跳崖,也跟著跳了下去。

　　金庸大師功力無可置疑,卻對深情之人如此處理。雁門關口,走過多少古今風流人物?故事,豐富我們的旅程。然而,真實的雁門關又是如何呢?就讓我們來看看歷史中真實的雁門關。

● 雁門關,昭君出塞

> 「西風吹散舊時香,收起宮裝換北裝。
>
> 　絨帽貂裘同錦綺,翠眉蟬鬢怯風霜。
>
> 　草白雲黃金勒短,舊愁新恨玉鞭長。
>
> 　一天怨在琵琶上,試請征鴻問漢皇。」

　　　　　　　　——〈昭君出塞〉,元·高克恭(1248-1310)

　　西元前33年,垂暮之年的呼韓邪單于(匈奴族)長途跋涉來到長安「願婿漢氏以自親」,漢元帝為了民族和睦,將宮女王昭君(前51年—前15年)賜給單于。王昭君是當時宮中最美麗的女子,因不肯送禮給宮廷畫師毛延壽而被醜畫冷藏。在匈奴來求親時,自知留在宮中沒有前途,因而自願前往和親。

年老的呼韓邪單于沒想到能得到這麼一位美女，立刻封昭君為「寧胡閼氏（音焉支，意思是「王后」）。這時漢元帝見了王昭君的美麗端莊後，大為後悔，但事已至此無法挽回，只能殺了宮庭畫師洩恨，看著昭君遠嫁塞外。

　　帶著淒切心情穿過鐵裏門，再出雁門關就到了荒蕪的黃沙塞外，昭君站在關頂回首凝望美麗的故國山河，可曾幽怨漢皇的無情冷漠?

　　告別了故土，登程北去。一路上馬嘶雁鳴，昭君帶著悲切心緒難平，在雁門關上撥動琴弦，悲壯的離別曲，竟然讓南飛的大雁聽著不肯離去。昭君因此並列在四大美女，閉月、羞花、沉魚、落雁的「落雁」之中。

　　堅固的雁門關抵擋不住匈奴剽悍的鐵騎，家國安危就這樣無情地落在這位柔弱女子身上。這是當年漢匈之間最為隆重的一件盛事。看多了血與火的雁門關，也在感慨中迎來這位歷史上最美麗的女子，送走在關嶺上無奈的嘆息。

▲ 祭天

● 下一盤無奈的棋——
記王昭君

按著妳這一只
美麗哀愁的棋子
沿著漢家的邊界
躑躅
權力撮成的愛
總是不如
流血來得無奈
輕輕推妳出塞外
琵琶啊，妳那幽怨的回顧
大漠茫茫，歲月也茫茫
就讓偶來的南風
將妳粗糙了的心情
細細地撫平
——謝勳〈下一盤無奈的棋〉

元朝高克恭為王昭君寫了〈昭君出塞〉，七百多年後，
近代詩人謝勳行經雁門寫了〈下一盤無奈的棋〉。

願那偶來的南風，能將昭君抱著琵琶被粗糙了的心情，細細的撫平。

雁門關歷經千年風霜，仍巍然聳立於恆山山脈上。我們在不同的時空走上昭君當年的和親路途。今夜投宿在古長牆旁，我們與雁門關一起見證了一個民族漫長的發展歷程。

▼ 玉門千山外　漢秦關月　只照塵沙路

山西旅遊，雁門關，這座鑽研古軍事史學者必往之處，更是旅遊行程裡必須安排的。金庸的《天龍八部》裡，選擇了雁門關做為重要場景，宋遼在此長期對抗，雁門關距離京城開封也就現代的八百公里，若失守，中原就不安了。小說中積弱的宋朝，必須靠著蕭峰率領丐幫來保護雁門，其實雁門本就是充滿歷史故事的地方，實在沒必要讓

蕭峰等數人在此跳崖。《天龍八部》裡，金庸對這幾位，
是有點殘忍了。

　　來山西，精緻的北方麵食會讓習慣南方米飯的我們有驚
喜體驗。在五台山文殊菩薩道場試著尋找順治皇帝出家的足
跡、徐霞客曾經步行丈量過的懸空寺、古代銀行發源地──
如今仍保原來古味的「平遙古城」；華人清明祭祖發源地
「綿山」；洞窟中雕塑佛像歷經千年色彩仍然艷麗的雲岡石
窟⋯⋯，透過專業人員的解說，數千年的歷史在我們面前呈
現。甚至，還可以在黃河邊上，近距離感受「大禹治水，過
家門而不入」故事中的「壺口瀑布」。

　　在那，如果，餐廳服務員問你「吃米還是麵？」那是在
問你吃米飯？還是吃麵食？不是要你吃白米。這時，當然要
選擇吃麵，山西的麵食可好吃了！

鎮南關——
末清在此扳回了面子

鎮南關，始建於西漢，是歷代南疆最重要的關口。

清朝末年，老將馮子才率兵扛刀拿斧擊退法國的洋槍洋炮。1885年法國從這裡入侵清朝，清軍打跑法軍，隨後是孫文在此攻打清軍，而後推翻了清朝。再來是共產黨攻打國民黨。接著，十年後，又是中越對打……歷史總是充滿著戲劇性，而這些，只是發生在這兩千年關口中近百年的事。

1885年清朝徵調退役歸田七十多高齡的老將馮子才，率領廣西兵勇扛著大刀斧頭擊退洋槍洋炮的來犯法軍，為積弊已久、節節敗仗的末清保住最後顏面。不久後的1907年，孫

中山赴廣西主持鎮南關第六次起義，隨後在1911年推翻帝制滿清，成立亞洲第一個民主共和國。1949年10月共產黨取得政權，而在當年12月11日攻下鎮南關，插上紅旗全境統一。

1969年胡志明病逝之前，多次在此與周恩來會面，兩人兩度在此擁抱，象徵中越兩國情誼。好景不長，1979年2月，中國人民解放軍在短時間內攻入北越，幾乎到達河內。雖然在一個月內便宣稱取得勝利撤出越南，但戰爭仍持續了十多年，在兩國邊境留下無以計數的詭雷，不斷造成百姓的傷殘。

我們在關口看著著背負貨品來往兩國的貨郎，背負行李來中國打工的工人，看著紀念牆上象徵中越情誼周恩來胡志明的擁抱。天氣晴朗帶著些許寒意，我們稍作逗留，繼續向德天瀑布前進。

廣西壯族自治區，是中華人民共和國五個自治區之一。廣西除了漢族與壯族外，還有五十四個少數民族，因為壯族（僮族）人數是漢族之外最多數，因此就代表了其他民族。

因為有眾多少數民族，各種代表性的吃食文化也非常多樣，在省會南寧，或在十萬大山裡，我們一路安排的就是特殊的少數民族餐點。

五色飯 ▲

大清國界 ▲

在南寧，我們夜裡來到中山路美食街，這裡有許多讓外地來客發愁的美味，走在長街上看著這麼多攤位，真的不知怎麼選擇，在思索了半晌之後，我們聚焦在少數民族的特色食物，眾人決定先散開各尋所愛，稍後在約定餐廳會合。

我們先見到壯族的「五色糯米飯」。以黃花草汁等天然植物，染黑紅黃白紫五色於糯米，象徵壯族人民五穀豐收的食品，這個食品口味清淡，需要細細感覺。吃的時候加點糖，米香與各種植物藥材香味融合在口中，十分特別，若是有機會來廣西一定要嘗嘗，行程裡有的餐廳會提供，但路邊攤的很值得一吃。五色糯米飯原本是清明時節才有的食物，現在是隨時都可以看到了。

另外幾位在一旁圍著，分享南寧小吃的金字招牌「老友米粉」，「老友米粉」，是以酸筍、豆豉、

酸辣椒作湯底，香濃鮮辣，滋味堪稱一絕。除了跟他們說：「不要吃撐了，後面還有許多美食。」外，旁邊還有一攤「柳州螺獅粉」，說是廣西桂菜必須嘗試的第一名。這個就謝謝再聯絡吧！

地陪帶領我們前往會合處，一家小餐館賣的是京族料理。點了「京族盆菜」，吃盆菜共享團圓之樂，這道菜是他們自豪的非遺傳文化美食，說是先摔再煎，焗之再勾的各種食物，不明白為什麼要先摔再煎，反正他們就是這樣說。

作為多元少數民族省份，廣西食物在食材做法，都各有特色。尤其以壯族、瑤族為主。有些口味清淡帶著微酸，多數會帶著辣。喜愛重口味的，可以嘗試。

有一攤賣的是紅紅的一碗辣椒湯，整個湯裡都是辣椒油；說是要娶他們的姑娘必須過這碗辣椒湯的考驗。愛情啊，真是不怕死的！

山區遼闊，嗜吃重辣重酸其實是必要的。這兒的冬季長又冷，又有瘴癘之氣，酸辣成了驅寒良食。

十月底來廣西，天氣已經有點冷，在山裡餐廳會先提供滾熱小米粥，熱熱的加糖吃先暖胃。再來些辣碗，身體就徹底暖和了。

穿越山區，經過幾個少數民族祖居地，前往中越邊界德天瀑布。

中越邊境：德天瀑布

從南寧前往中越跨國瀑布，走高速也就是兩三個小時。

我們先取道龍州，乘船在河上瀏覽兩千年前東漢時期，壯族人在四十多公尺高花山岩壁上的雕繪，記述當時農耕文化對自然崇拜的壁畫。再回到公路，高速路，延邊公路穿越大山前往的重點目標—德天瀑布。

一個瀑布，河中為界，兩邊自管。這瀑布的特別，就是秀麗。

　　帶著團友去觀察石頭上的那個紅漆，另一個石頭上也有個紅漆。兩個石頭上紅漆中間那條隱形的線，就是中越兩國的國界了。

　　廣西這邊的保警（邊界警察，不是軍隊），閒閒的晃悠過來，抱著堅定的決心，把越南阿婆鋪在地上賣菜，越了國界的膠布，輕輕地撥回她的越南。阿婆也配合著悠悠地把賣菜的塑料布拉回她的祖國。一場可能引發的國土侵略事件，無聲無息地平靜落幕。

　　邊界，也可以如此幽靜平和。

越過邊界，走進中越邊貿市集，大家都去買膠鞋，好穿又便宜，就是提著重了些，回去可以跟親友說嘴，去廣西走走，不小心就進了越南，還買了鞋。

　　越南小販攀爬在走道邊屬於鄰國地盤之處，賣一些不知道什麼的紀念品，還有萬金油。買了些萬金油，聞起來是萬金油，也不知真貨假貨，很便宜。擦了之後，蚊子咬真的就不癢了。

　　地陪說，瀑布兩旁居民很多都是親戚，在法國侵占越南之前，這地方根本沒有界線。至今兩邊還是通婚來往，親戚間說著兩種語言，住在兩邊，隔著條水。划船也就是幾分鐘就過去了。他們有邊防證，是可以往來的。

　　也許剛剛那個保警就是驅趕了他越南婆婆的塑料布。國之疆土寸土不讓，但對於自家婆婆，還是要客客氣氣的。

▼ 今日國界

里約熱內盧：
一月之河，浪漫美麗的都市

　　西元1505年1月，葡萄牙探險家佩德羅遠航到了現今里約市的所在地「瓜納巴拉灣」，誤認海灣為河流。1763年葡萄牙人正式在這裡建立都市，即以當時的誤認「一月之河」為名。

　　在葡萄牙人建立都市之前，法國海盜、各國侵略力量在瓜納巴拉灣與原住民發生侵略與保衛之戰，槍炮打贏了長矛，鮮血染紅了海灣。

　　葡萄牙人以為這個深邃美麗的海灣是條河流，因而命其名為「River of January」，葡萄牙文為「Rio de Janiero」。

▼ 里約市中心教堂

▲ Flamingo的海邊

「一月之河」，就是我們熟知的「里約熱內盧」；而曾經沾滿血腥的海灘，就被稱為「Praia Vermelha」（紅色沙灘）。

在里約海灣最尾端上方山頭上，葡萄牙人建立了一個可以俯瞰控制整個里約的軍事基地，碉堡巨炮軍隊，到今日發展成為一個都市——Petuopulis，如今仍保留葡式建築石頭街道，歐州風味的迷人城市。這裡也是國家足球代表隊的集訓地，富豪聚居之地。

里約，晚上在Cobagabana 海灘喝啤酒吹海風。偶爾上Petuopulis 逛逛，有家餐廳賣CALDO de PIRANHA。旅遊巴西

▲ 里約的麵包山　　　　▲ 食人魚店

得去里約，到了里約可以去Petuopulis見識這個東西。這家店在小區裡，是個當地人才知道的店。

　　葡萄牙語的食人魚「Caldo de Piranha」，等同於英語「SOB」，是個不雅的稱呼，食人魚長著滿口牙齒，可在河裡邊很快把獵物啃食殆盡。

　　里約里約，這裡是嘉年華會的決勝主場，麵包山、基督山、夜裡的海灘、熱情散漫的民風、謎樣的教堂，都會有強烈的回憶。離開巴西多年，舊相片都是當年沒有數位的，翻拍看看留下紀念。

我在里約外的小鎮工作，里約是日常活動範圍。先開車到基督山下，轉乘地鐵去市中心，那裡有大片華人店鋪，壁壘分明。台灣人開的店講台語，大陸人開的店不會講台語，倒是相處和諧。我工作所在的小鎮只有我們，有時兩位、有時三位台灣人，單純多了。

▲ 里約 Cobagabana 海灘上的村姑（插圖：陳曉瑩）

海灘上的村姑——
誤把女神當村姑，
阿明哥求師記

　　里約素有「世界最美麗的都市」美譽，擁有瘋狂的嘉年華會、熱情的森巴舞和優美的海灘；展現了高樓大廈林立，卻也有著百萬居民生活其中的超大貧民窟。

　　月灣型的Copacabana海岸，不分四季只要有陽光的時侯，就會出現成千上萬享受日光浴的遊客。

　　每隔幾天，我會從一小時車程外居住的小鎮來這裡，黃昏時在海灘旁露天酒吧吹著徐徐涼風，邊發著呆、邊看著人來人往（這是巴西人除了跳森巴、踢足球之外的第三最愛）。

　　今晚，帶著從巴拉圭來的同事阿明哥一起來海灘，他來了一個星期都待在我們鄉下的廠房裡，無聊得快瘋了。

當他第一天到村子裡時，自已出外去散步，回來時問我：

「賈米士，你們這裡的村民都不做事的？」

「怎麼了？」

「每個人都蹲在門口，不知道在看什麼？」阿明哥剛來，有疑問是正常。

「過幾天你就會知道了！」有些事總是需要自己去發掘的！

隔天傍晚從外面回來，看他搬了個椅子，呆呆坐在門口。

「你幹嘛也蹲這裡？」我笑著問他。

「無聊呀！」阿明哥無精打采的回答我！

「你夠格當巴西人了！」是時間帶他去海邊看看了。

我們坐在大傘下的吧台喝啤酒。照慣例坐在固定的位子，他們戲稱我是這裡的「爸爸桑」，這附近的吧女都歸我管。其實是一開始來海灘閒晃時，吧女們會來拉生意找喝酒，久了之後在待客時，就會坐過來聊天喝啤酒。

外地來的女郎在沒客人、沒收入，沒錢吃飯時，就會來我這一桌。我就點些餐給她們，店家服務生也會弄些吃的來贊助。當下的想法就都是出外人，有能力就幫幫她們！長久下來，只要我來，就是一桌。

對了，補充件事，巴西人的觀念，不笑小姐不笑貧，大家都同樣是人。里約海邊有很多雙性人，大家和睦相處，沒什麼特別的。

啤酒一瓶兩塊錢，別以為吧女都會喝，其實不然，她們會喝是因為可以分酒資。喝我的沒檯費沒小費，往往一瓶可以喝一個晚上。可我也沒有虧，跟她們聊會了巴西話，各地的方言，民情，任何的粗口都跟她們學會，有位來自亞馬遜雨林深處的女郎說起她家鄉的故事，就讓我著實難忘。

　　這個海灘還有個特色，因為是出名的觀光地，遊客都有錢，因此就像夏威夷海邊聚集了全美最高級的街女般，這裡也聚集了來自巴西各地的美女。

　　這些女郎的故事聽的很多，在這個國度裡，不笑貧、不笑變性人、也不笑小姐，人們以寬容的態度看待她們。

　　話說阿明哥一坐下，那對眼珠都快掉下來了，他早知我這個爸爸桑的傳言，但不知這是真的，沒在談生意的女郎們陸續聚攏，抽煙的、喝酒的、抱怨的、展示新衣的，還跟我說這兩天來了一個新人，因還跟大家不熟就只能在外面棕櫚樹下站著。

　　這些女郎們都是流動的，不屬於任何家飯店酒吧，搭上客人就陪著坐，沒客人就自己想辦法自己坐，沒錢就來跟我坐。這個新來的還是找人把她叫來大夥坐吧！不然土裡土氣的，可有得站了。

　　正想著，阿明哥突然跟我說：「賈米士，那邊坐的那一個你認識嗎？」

　　我順著他的目光望過去，穿著公主裝，洋娃娃般的臉龐，坐在桌後的她正跟我微笑著。

「她是瑪利亞。」

「你真的認識！她為什麼不過來坐？」

「她坐不下！」我簡短的回答。

「叫她過來嘛！」阿明哥在巴拉圭說西語，來這裡不會葡萄牙語，只能求我幫忙，任我擺佈。

「你會後悔的！」我跟他說。

「不會！」阿明哥明快堅定的立刻回答。他一定在想，這麼漂亮的洋娃娃，幹嘛後悔。

「好！」你完蛋了，我轉過頭向著阿明哥的公主裝洋娃娃：「瑪利亞，妳過來跟我朋友說話。」

一聽我對著瑪麗亞說話叫她過來，坐在阿明哥身旁的女孩一下站起來，二三個開始挪位子給瑪利亞，阿明哥一定覺得奇怪為什麼要這麼大的位置，接下來就是大家掩著嘴偷笑著看他目瞪口呆的樣子。

瑪利亞一幌一幌的走過來，我們都稱她相撲手。阿明哥剛才只看到她露出在桌面上部份的上半身。我還得向大家解釋阿明哥就是喜歡粗壯的，才會捨一桌佳麗不顧。

過了一會，阿明哥移情別戀，開始看著還站在外面那個新來的女孩。

「你看外面那個，穿著布鞋看起來像個小學老師的那個。」他自顧自說著。

穿布鞋？小學老師？來海邊賺？我也覺得奇了，看過去還是真的，大概剛出社會還不懂打扮吧！

「小學老師，還你老師咧，小姐啦！」我跟阿明哥吐槽！

「不可能！這麼清純，不是老師，就是個村姑！」還是搞不清狀況的阿明哥。

「在這裡單獨站在樹下的都可能是小姐，不然一個村姑獨自站在那裡幹嘛？」我還是耐著性子跟他再説一下。

「她一定是跟朋友約在這裡，朋友還沒來。」還是在自説自話的阿明哥。

「賈米士，你幫我去約她！」他開始焦躁了。

「不要啦！人家又不是小姐，村姑很難搞的。」我開始想戲弄他了。

「沒關係啦，試試嘛？」這個男人開始不用腦思考了。

我們説著時，那個村姑也很配合似的不耐煩的張望著，走動著，一副等不到人焦急的樣子。跟這一桌抽煙喝酒的對照組一比，我是不是也該開始懷疑她真的是老師，還是村姑了？

阿明哥還在癡癡的等我幫他。

「好吧！」「瑪利亞！妳幫我去找那個新來的過來。我朋友要找她説話」

讓瑪麗亞去找村姑老師過來。開玩笑！爸爸桑怎麼可能去叫小姐？

「行情是美金五十純聊天教你巴西話，帶出場練習一百，不過你要規矩點，小心被老師打巴掌。」我對阿明哥説明白。

「她值五百！」

五百？你個二百五，在工廠門口蹲到腦袋進水了！

不一會，瑪利亞帶著村姑老師回來，跟我説她從亞馬遜來，名叫朱麗亞，是新來的，連買鞋都沒錢。

「好吧！朱麗亞，你這幾天晚上都過來這裡跟我朋友聊天，教他講巴西話，他付你錢，一天一百。」我邊跟朱麗亞講話邊想著，等一下要阿明哥先付頭款給朱麗亞買鞋。

在跟朱麗亞有的沒的聊了一會後，跟阿明説：

「真的是個鄉下來的老師，很難搞的，不過她終於答應陪你幾天純聊天跟你練習巴西話，有沒有搞頭你自己想辦法！」

阿明哥高興的答應了條件，也好，反正你沒差那點錢，過幾天村姑就不穿布鞋了。只是今後幾天得天天帶他來，回去要設計那個卡洛斯當司機，他想到可以天天來Cobagabana海邊喝啤酒一定高興死了。

亞馬遜的故事、白爛卡洛的故事、森巴舞的故事、三叔公的故事，更多年輕時飄洋過海巴西遊的故事，慢慢回想記述中。

路修的漂亮美眉

那一年，我前往里約熱內盧Rio-de-Janeiro工作，剛開始許多人爭著去，一兩個月後爭著回台灣，理由是：語言太難學，食物太難適應，離家太遠……一大堆理由，最後最好的理由是—美眉太正了，消受不了。

隨著人們一個個離去後，只剩下我跟路修（Lucio），阿柳三個。過了一陣子，阿柳也走了，他無聊到快瘋了。

剩下我跟路修，我們堅守崗位，報效人生。

「賈米士，晚上卡洛要帶我們去看美眉。」我的同事路修興沖沖地跑進來對我說。

「卡洛說，是很漂亮的喔！不是的話，他付啤酒錢。」

卡洛是我們的白爛巴西工人，不知道有沒有辦理結婚，但是有一個老婆與兩個小孩。我認識他們全家人，因為每半個月他老婆就會帶兩個小孩來辦公室攔截他的薪水，如果沒有攔截成功，他們就會回家大打出手。

而路修則是同為台灣來的同事，巴西話很溜、很樂觀，在巴西待很久了，我懷疑他上輩子是巴西人。

「卡洛要帶多少錢買啤酒阿？」我心裡想著，又來了！說要請客，結賬時落跑。

居住的小鎮▲

「他説不用擔心。」路修毫不擔心的回答我。

「不要擔心？」，路先生呀，路先生！你也許淳樸，但我覺得你是在裝淳樸。上當了多少次？巴西人説：「不用擔心」時，就是你必須很擔心⋯⋯

我與路修一起工作在巴西里約市幾十里外的一個小鎮。

整個里約市大約有一百多個台灣來的家庭，而我們所在的小鎮上大約是兩百多戶巴西人家，加上大約兩個台灣人，「大約兩個」的意思是如果路修沒在外頭不小心遺留下，沒有放在在他名下的那些半個台灣人的話。

小鎮名叫「安佳花園」，一個名字很夢幻的小鎮，不過，別想太多，「花園」絕對是個抽象的名詞。這個小鎮，人口不多，有個小學，有個小超市，晚上還有個露天舞廳，就是音樂放很大聲，炸著很香的焦黃蒜頭和配酒小吃，大家用力扭著身體，跳巴西舞那種。

後面有個山隔開另一個較大的城鎮，基本上這小鎮是個化外之地，離開里約市有點遠，後面的城市又隔個山。居民很淳樸，他們都說這後面的山裡是毒窟，在這裡雖說我們的政商軍警黑道關係良好（來久了不自己臭屁一下就不像話了），可說真的，我也不敢進去，常常見一隊隊荷槍實彈的軍警呼嘯進山就是。我們在這裡做工廠，有些工人，有幾輛車，幾個業務，我跟路易士每天日子就是悠哉悠哉的，我真的還沒見過工作不悠哉悠哉的巴西同胞。

今晚，卡洛說要帶我們去的是鎮上的小酒吧，就是個雜貨店兼賣含有酒精的飲料，還有咖啡烤物之類的……

六點多，我們三個人坐在小店裡面喝著啤酒、啃著炸得焦黃很香的蒜頭片。

「賈米士，我沒說要付烤物錢唷！」卡洛看著桌上的啤酒、小吃以及花生悶悶的說。

「你擔心你説的漂亮美眉先吧！」卡洛只跟路修説要請喝啤酒，於是擔心起了這些小吃的錢誰要付。

邊閒聊，邊看著烤箱前拿圍巾擦手的黑髮混血女孩。那個女孩，轉過身來正對著我們微笑著，突然，我心中生起了一股不祥的預感，而身旁的卡洛和路修在不斷的交頭接耳著。

「賈米士，卡洛説的就是她，她和她姐姐以及媽咪等一下也會跟著我們一起去跳舞。」

路修轉身對我説。「不過要等到晚一點點，因為她現在還不能下班。」

「還要晚一點，我也許不能等到晚一點！待會看看再説吧。」

反正現在時間還早，晚一點的事，誰也沒法確定。先説了待會有事也許先走，反正人還沒來，看苗頭不對就開溜。

「我去看看前面有沒有什麼吃的吧！」

我邊説邊走向櫃檯前的烤箱，心裡想著是否該再叫個什麼東西的。

那黑髮女孩看我走過去，面帶微笑的看著我，問道：「你們就是卡洛的朋友嗎？是否還需要吃點什麼呢？」

「喔！是的，你好，我是賈米士。麻煩再給我們一些啤酒。」

女孩説了聲：「好」，還問我有沒有其他需要。

「這樣可以了！」說罷，我便回到了我們的桌前，帶著十分惋惜的表情：「路修，那女孩很不錯，你賺到了。不過，我無法等到晚一點，我得先走了，車你們開，我慢慢走回去就行了，再見！」

我邊對路修說，邊向外走去，行經女孩的身旁時，還不忘給她一個大大的微笑。路修毫無所謂的看著我先走，此刻，他的心裡一定在想，一個妹妹加上姐姐，再加上媽咪，這下賺到了。

卡洛的臉上充滿愁容，大概是在擔心明天我會不會幫他付酒錢和小吃的錢吧！「我不會幫你付的，你去想吧，我只吃了幾個蒜頭。」我心底嘀咕著。

慢慢地走在黃昏鄉村泥土道路上，居民又在屋旁燒垃圾，想像著是晚餐的炊煙，也充滿著意境。看著傳說中毒窟的那片山，這個地方有幾股勢力，但也不會來打擾附近居民，小鎮好像是個緩衝帶，雖偏僻但也平靜，我常常在鎮邊走來走去也不擔心。幾個走向夜校的小孩跑過來跟我打招呼哈拉一下。

我其實是替卡洛擔心了起來，他晚上跑去約會，回家以後會不會又打一架？我提早離開不參與，也是擔心他老婆來公司攔截他薪水時會被牽連在內。路修倒是還好，他熟練的巴西話反正就是這樣鬼混練出來的。

十六歲女孩莉莉亞的家（一）

從里約回來時，特地從鎮的另一頭繞回公司宿舍，今天回來的早，就想在村邊逛逛，基本上我們很少走不靠公路的這一頭進村裡，因為傳聞靠山的這邊是毒窟，也因此這裡常常有駐紮的軍警會攔檢。

今天，當然也碰到了盤查的警車，是認識的人，這附近不認識我的軍警大概不多，所以其實我並不太擔心。反正在這兒的軍警，不是曾向我索過紅包，就是我主動送上過紅包。不過不管是哪一種紅包，我們都稱之為「咖啡錢」。

今天這一車軍警比較好，只跟我要過幾罐「瓜拿那」（這是一種只出自巴西的汽水，以前台灣曾經賣過，後來不知怎麼沒賣了），沒接受盤查，和警車互道珍重後，我從鎮上最窮困的一角慢慢的開進鎮裡。

• 巴西基本上沒有地震和颱風

在里約，夏天會有狂風暴雨，幾個鐘頭就可以把高大的中空樹木全折斷。不過，肥沃的土壤加上溫和的天氣，過了幾年又是一批高大的空心樹。只是，大一點的狂風又會全部把它吹斷，如此不斷的循環。

▲ 莉莉亞的家

　　里約的夏天很熱、很熱，可以到達40多攝氏度，軍警會出來把在街上賣水或是乞討的小童趕走，怕他們在街頭日曬危險，這讓我很感動，原來他們也是很人性的。里約的冬天最冷就是10幾度吧，但與酷熱比較，十來度算是很冷了，為街友、街童募集冬衣應該是很有需要的。

　　在巴西，富有一點的人家住的就像是歐洲式的房舍，再來就是住電梯公寓大樓，有警衛門房那種。然後就是普通平房，差一點的，磚頭結構蓋好了，人也進住了，可外面還沒糊水泥，就讓紅磚基本的結構裸露在外，先住了再說！窮人尤其是外地來大城市討生活的，就是在路旁搭寮棚、打零工，在街頭賣水、賣零食。

開車緩緩經過十六歲女孩莉莉亞家時，她的家就是磚造，結構就是簡單的幾面牆與屋頂。這女孩以前每天騎著腳踏車上學，放學途中都會繞到公司樓下，大聲叫「阿劉，阿劉」，想跟阿劉約會……

阿劉是誰呢？阿劉是從台灣調來三個月的單身帥哥。阿劉對葡語不通，長得英俊。但為了避免不必要的麻煩，所以即使想吃嫩草，也被莉莉亞的主動嚇得整天不敢露臉，得拜託我去要她回家。

每當我下樓要她趕緊去上學或是回家的時候，她總是説要去帶她媽咪來跟我約會。本人駐守邊疆，不求歲歲月月，只求日後無悔。嫩草不敢吃，

老草吃不動，她就會說她的媽咪可是如何又如何的，然後我就會叫工人卡洛去對付打發她走，畢竟卡洛是村裡人，莉莉亞見卡洛來就趕快溜了。

● 開車經過莉莉亞的家

今天經過她家時，發現我們工人「嘟嘟」的車停在她家門口（嘟嘟開的是公司的車，一看便知）。我早知道後來莉莉亞在追求小劉不成後，便轉向去追嘟嘟，兩人在一起好一陣子了。只是，他居然明目張膽的把車停在莉莉亞家外面！

此刻天色已黑，想想把車停了去嚇嚇他們，如果去問嘟嘟說：「為什麼下班了不把車開回車庫，也不回去報到，居然在這裡鬼混，這是怎樣？」這樣他應該會很害怕吧！

越過莉莉亞家前門尚未整好的水溝，雖然是外牆裸露且尚未完工的粗胚房，但也種了些花草，再怎麼說算是個家園了！敲了門一會兒，女孩從裡面過來開門，她虛掩著門露了個頭，「啊，是你，賈米士！」臉上露出慌亂的表情。

「是呀，來跟妳媽咪約會。」我笑笑的對她說。

「可是，我媽咪不在！」

才怪……那我怎麼看到有個人影飛快到閃到後面去呢？

「那我要進來喝水，開了好久的車，我好渴。」我開始要賴。

「真的？你要來我家當客人喔？」莉莉亞興奮又很緊張的說。

（待續）

▼每年的嘉年華會，就是從這樣的小鎮，一路訓練挑選出來的

十六歲女孩莉莉亞的家（二）

話說經過莉莉亞的家時，我看見工人嘟嘟的車停在前面。突然想要去鬧鬧他們，也順便看看莉莉亞的家。

「真的，你要進來當我的客人喔！」莉莉亞很興奮又很緊張的說。

「是的，我可以進來喝杯水嗎？」

「好啊！但是你可以等一下嗎？」莉莉亞說著關了門去準備了。

在小鎮上大家幾乎都是互相認識的。常常走著走著就被叫進去人家家裡喝喝水講講話。也常自己走進人家家裡喝水講話，日常生活就是喝水講話。在這裡，不需要先打電話，根本沒幾戶人家有電話，直接走進去就是了。

「賈米士，你可以進來了！」

莉莉亞出來招呼請我進門。

現在換做是我有點興奮了，到底裡面有什麼名堂。進了門就是整個空間，昏昏暗暗地只開了日光燈旁那個小燈，是客廳。一旁是飯桌，後面擺張床，再後面用布隔開，應該是另一張床吧，而工人嘟嘟就坐在床上對我傻笑著算是打招呼。

「賈米士，這裡坐。」莉莉亞讓我在電視前的椅子坐，拿了水給我。

當年巴西換了個新總統，發大願要讓大家有錢，引進了許多外資也讓大家買了家電，基本是電視有了，冰箱還是比較沒有，但帶來的後果是發電量沒有跟進，造成不分晝夜的常常大停電。

　　「阿嘟嘟，你跑來這裡跟莉莉亞約會嗎？」嘟嘟十九歲，他的弟弟諾亞十七歲，也是我們的員工。

　　「是呀！我下班過來跟她講話。」巴西人社交就是講話，去理髮說是去講話，無論去幹嘛都說成去講話，明明就是約會親嘴，也說是在講話，超愛講話的。

　　「講話！你們接吻那麼大聲，我在里約一百公里外都聽到了，所以我才過來看看的。」

　　嘟嘟還只是傻笑著。莉莉亞倒是不好意思了起來。

　　昏黃的燈下我其實是看不大清他二人的。

　　「為什麼不開燈？一定有鬼。」我心裡想著。

　　整個屋內的陳設大致完整，吃飯睡覺看電視的地方都有了，浴室洗手間應該是在屋子後方外面，廚房也在外面。客廳裡也有些飾物，床上還有一些公仔—可能是嘟嘟給她的禮物吧。

　　「莉莉亞，你們吃飯了嗎？」

　　我都坐一會了，有的沒有的閒扯著，怎麼還不開口請我留下來吃飯呢？

▲ 鄰居父女

「還沒有，媽咪在後面煮。」果然沒錯，剛才看見一閃而過的人影，她的媽媽剛剛躲到後面去了。

　　「那嘟嘟會在這裡吃嗎？」我朝向嘟嘟問他。他對我點點頭。

　　「那我可以留下來吃飯，認識一下你媽咪嗎？不然兩個不認識的人怎麼約會。」我找個理由想留下來。

　　「可是她又沒化妝！」看起來莉莉亞是不想讓我留下來的。

　　忘了說，當然莉莉亞的家境不太好，單親媽媽帶著兩姊妹（莉莉亞是姊姊），爸爸早就不見了。

　　「不見了」是好久不見的意思。在這男人非常少，女人非常多的國度裡，爸爸是很容易不見的。有可能不見到別人家去了—也許哪天又從哪個別的家不見回來了。單親家庭生活雖不易但也餓不著，小鎮裡那家人失業了，大家會互相供給吃食。平時有事也會互相支援。那個老愛胡說八道的卡洛有時看我晚上沒出門，說要他老婆小孩來陪我，怕我無聊。其實是他自己想「不見」到別人家裡去。

看著莉莉亞回答我，說是她媽媽沒化妝之後開始煩惱了起來的模樣，為什麼覺得怪怪的，絕不是留我吃飯的問題，也不是她媽咪約會的問題。

　　我一直想著，她看起來在擔心，莉莉亞到底在擔心什麼呢？

　　昏暗的室內，我們還是在閒聊著。

　　「賈米士，那我暑假可以去你們公司打工嗎？」莉莉亞開口問我。

　　「我想想再告訴你！」莉莉亞想來打工，賺點零用錢，來就來，這也沒什麼困難啊。

　　「莉莉亞，為什麼不開燈，不開燈怎麼吃飯呢？」我想到了是哪裡怪怪的了，是燈光，是屋裡的昏暗燈光，天黑了為什麼還只開個小燈？

　　「這樣比較浪漫呀！」莉莉亞皮皮的回答我。

　　「好吧，那我現在要回去吃飯了！」我說著站起來往門邊走。日光燈垂下的拉繩就在那裡。我突然伸手一拉，燈管閃了閃亮了起來，室內陡然大放光明。

　　「啊！」突然的動作讓莉莉亞驚呼了起來

　　「賈米士，你真壞！」不知所措的莉莉亞用怨怒的眼光望著我。

　　我真壞，是的。真是壞透了！我後悔的直接開始懷疑起自己的人生，為什麼要拉那個繩子？

「啊，太暗了我都看不見漂亮的妳。」我邊耍賴邊把繩再拉幾下，讓室內再恢復原先的昏暗。摸索著走出了門。回頭跟嘟嘟説：「你去跟莉莉亞的媽咪説賈米士請吃飯，你等她們準備好了一起回公司找我。」

「耶！賈米士要跟媽咪約會，吃大餐！」莉莉亞歡呼了起來！似乎很快忘了剛剛的尷尬情況。

「只有吃飯，沒有約會！」我瞪她一眼，一定要跟莉莉亞強調這一點。

開著車回公司邊懊惱，巴西窯烤五個人頭百來美金，手殘隨手一拉的代價。明天莉莉亞還會全村宣傳她媽咪跟賈米士有約會。

• 不好意思開燈的原因

那些牆，那些因為缺錢尚未完工裸漏的牆與屋內的簡陋，就是莉莉亞不好意思開燈的原因。原來不只外牆裸露紅磚，連裡面也是。牆上掛著布是裝飾也是擋風吧！而我的不好意思，是因為我的無聊舉動引起了她的尷尬。去吃個巴西窯烤當作賠禮吧。

我邊開車邊替莉莉亞的家擔起心來，那樣的牆，冬天會不會漏風呢？消息外傳，跟她媽媽約會，要是每個人都要來約會怎麼辦呢？

（完）

十六歲女孩莉莉亞的家（二）

亞利桑那羚羊峽谷──
面對大自然必須謙卑

　　深夜裡飄下的雪在清晨轉為細雨。前往羚羊谷的車隊考量了安全無虞後決定出發。早晨的第一組車隊，雖然無法在最佳的日照穿透峽谷、色彩萬千時來訪，但清晨清新的空氣加上沒有大量到來的遊客，讓我們得以悠遊在峽谷中，驚嘆大自然的神奇。

　　如果以萬年設定縮時攝影的單位，那百年只能是小到不能再小的一格，而相對於億年，人生百年根本微如塵埃。

　　面對大自然，必須謙卑！

● 奇幻的自然光影藝術品

　　羚羊峽谷位於美國亞利桑納州北方的納瓦霍族保留地，臨近佩吉市（City of Page）。在地形上，其被分為上羚羊峽谷與下羚羊峽谷兩個獨立的部分。我們所到達之處是納瓦荷語稱為「有水通過的岩石」的上羚羊谷。

　　羚羊峽谷，是因砂岩經遠古以來暴洪與風的侵蝕而成。季風季節時，暴洪快速流過，侵蝕形成了羚羊峽谷底部的走廊，其上的谷壁被沖刷後堅硬光滑，如鏡面般反射來自上方

大自然你的奇光幻影 ▶

Taken with Zenfone 4 series

狹小隙縫的光線形成奇幻光彩。由於遊客眾多，想要拍到陽光射入的景觀需要一定的耐心。

在不久前，遊客還可以自行駕車前往，但因為有被遊客破壞的記錄。現在所有遊客皆需搭乘保護區的大型四輪傳動車，也需組隊由當地導覽帶領。

上羚羊峽谷的入口遠看去只有一條狹窄的裂縫。進入峽谷後，某些地方相當陰暗，沒有光線直射地面，岩壁高聳約二十米，總長只有一百五十米。

五月的春末，預約大清早八點的頭班車從佩吉市出發，到達羚羊谷所需時間不過約二十分鐘，空氣還是相當清冷，幸運的是陽光已經很充分。需要大清早來的原因是避開大量遊客，我們可以慢悠悠的漫步其中，畢竟我們從舊金山灣區可是開了足足兩天車來的。

開了一千四百公里來參觀一個一百五十公尺長，存在千百萬年的峽谷，這可是千百大自然藝術品的唯一存在。

一路行經紅石谷、大峽谷、胡佛水壩，在美國旅行隨便走走就是幾千公里，還只是走了一個小角落，和我們平時既有的印象大相逕庭，這也許就是地理文化的最大差異。

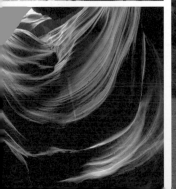

▲ 越過高山陵綫

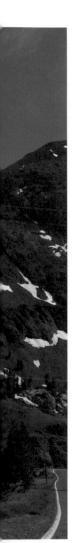

越過萬呎積雪稜線

● 高山松林五月雪　鄉間小路夜觀星

　　從灣區開十小時，途中歷經幾次休息用餐，我們從公路120接108進入中加州內地，越過一萬英呎，夜裡飄雪未退的稜線、一百英哩連綿不斷的松林、25度的下坡。終於進入公路395南下到達Lone Pine小鎮，到鎮上可愛的唯一一座中餐廳Merry Go Round，拜訪我那依然美麗硬朗的大嫂Judy。

　　途中滿滿森林氣息，瀰漫著松子香味。經過的小鎮有小餐館、有小小的汽車旅館，濃厚的鄉村味道。在美國旅行，開車途中就是旅遊的一部分，車上記得要備妥零食飲料，也可在小鎮小店逗留補給，公路上的休息區乾淨又完備（有賣咖啡，零食的自動販賣機）。

　　Lone Pine小鎮，位於美國本土最高山「懷特尼山」（Mount Whitney）（4421公尺）登山入口，附近還有幾個國家公園，來此度假健行登山的旅客，多會在這裡停留整備。

　　Judy大嫂的中餐廳名為Merry Go Round，每幾年我們都會翻山越嶺過來拜訪。記得當初剛來加州時，我曾

▲ Mt.Whitney 山腳下餐屋

在她的餐廳打工，那時的生活，可沒有現在那麼愜意。活到這年紀了，能見一次面就多一次回憶，日後開這麼久來這麼遠的地方，可能慢慢不行了。

● 四人吃不完的大鬆餅

投宿旅館之前，先拐進小路，開進去三五分鐘就沒了燈火。在路旁停好車，下車靠在車身上，四周黑黝黝沒一丁點光亮。仰起頭看看滿天星，銀河也就在上方，多久沒見過了！這麼乾淨的星空。那個靠著車身的的動作很重要，滿天星斗會令你暈眩。

在山腳旅館過了一個寧靜夜晚。早晨我們往懷特尼山出發，前往登山口的露營區早餐。五月還冷，營區人不多，我

▲ 長途跋涉，探訪遠方友人

們在木造建築餐廳外聞著清早山林芬香、享用咖啡，薯條，
煎蛋，標準美式早餐，享受山裡與舊友的家聚。

看Judy只點了一個鬆餅，她說這裡的鬆餅很大一個，還
怕吃不完。

大嫂很大氣，從不會虧待我的，但我還是半信半疑，一
個鬆餅四個人，夠嗎？喝了咖啡、吃了薯條煎蛋，一會兒鬆
餅來了，真的很大，比我的臉還大。四個人真的會吃不了。
我從戶外的餐桌走進木屋，去拿些蜂蜜。

木屋裡面也就一桌三個老外。（是這樣的，其實相對來
說，我們才是老外，但還是習慣把非黃皮膚的統稱老外）。
不經意的看向他們桌上，哇咧！三個人、桌上三個鬆餅。我
忍不住笑了出來，果然是老外，外來的，不像我們Judy大嫂
在地的，知道點一個就夠了。

▲ 屏東來的 Judy 在此 40 多年

那幾位本來很鬱悶的分食著鬆餅，留一個動都沒動。見我在笑，總算心情好了一些，也跟著大笑起來。他們問我是不是也每人點了一份。

「我們四個人一個鬆餅。」我很內行大器的回答。

「四個人吃怎麼夠，要不要來一個？」老外還是慷慨的，懂得分享。其實也許是不知道拿吃不了的鬆餅怎麼辦。

「好吧，那你們要跟我說謝謝！」

得了便宜又賣乖的開個玩笑。畢竟老外很珍惜食物，看他們等一下可能要去

爬山，真的不知拿這幾個鬆餅怎麼辦了。拿了他們的鬆餅，算是替他們解了圍。

我們在Judy餐廳用了豐富中餐，出發從公路395南下，打算經過Lake Isabela，從中加州再走公路99，北上回Fremont，算是在中加州繞了一大圈。

那個鬆餅，讓我們兩人省了晚餐，一路吃、一路吃。要記得，到Lone Pine，到 Mount Whitney山腳那家店，千萬不要亂點鬆餅。

來美國旅遊，不要只知道Disney、環球影城、魔術山。其實去國家公園，在高山的松林公路遊蕩才是王道。幾十英哩的楓樹，連綿不絕的松林，還殘留在嶺上的積雪點綴著藍天白雲。在穿過山谷時終於見到燈火，尋個溫暖餐廳覓頓美食的這些感動，才是我心中的美式旅行。

夏威夷群島

　　位於北太平洋正中間的夏威夷群島，距離最近的大陸將近四千公里，是地球上最孤獨的島嶼之一。

　　公元400年左右，來自馬克薩斯群島的波里尼西亞人在夏威夷登陸，雖說是屬於廣義波里尼西亞帝國的一份子，但地處邊疆，又是較落後的一支，就這樣孤獨的生活了千多年，直到被歐洲人發現。

　　十九世紀，航海技術到了極致，世界上工業發達的強國，也開始對工業落後的弱國展開瘋狂的侵略奪取。其時，

列強對老弱中國發動侵略，也奪取東南亞國家的資源。又如日本侵占琉球時，更直接將琉球王抓到東京，老死當地。

　　相較之下，夏威夷最後的女王利留卡拉尼，算是幸運了，她被囚在宮中至少可以閱讀、縫被子，還可以老死在自己的宮中。

　　來夏威夷，可稍微瞭解此地成為美國一州的歷史（很複雜），總之就是柯林頓總統都曾在國會道歉，承認這件事非法。

▲ 彩虹樹

　　我們來說說幾位與夏威夷相關的人物。

　　孫眉（1854—1915年），孫文的哥哥。檀香山島的大亨。孫文年幼時被送來給兄長管教。孫眉大量的資助革命，幫助孫文的革命黨建立了亞洲第一個民主共和國。可以說，沒有孫眉的話，或許就沒有日後的孫文。

　　歐巴馬，小時候在此度過，就讀的小學正是多年前孫文讀過的學校。他長大之後，成為第一位非白人美國總統。

　　張學良（1901—2001年），人稱少帥，奉系軍閥張作霖之子。他在西安發動兵變（西安事變）後，太過樂觀，還認為

▶
密蘇里號戰艦
（USS Missouri
BB-63） 退役後停
泊在夏威夷珍珠港
內作為浮動博物館

蔣介石會放過他，不顧幕僚阻擋，堅持顧及委員長顏面，親送蔣介石回南京。下場就是從54歲被軟禁到90歲。最後流放到檀香山島，病逝葬於異鄉。

　　檀香山島到處都可以看到孫眉紀念銅像，當然也到處都是美麗海灘。

　　夏威夷群島風和日麗，整年度都是旅行好季節。在這裡可衝浪賞鯨，也可以在 Waikiki 海灘欣賞全美最漂亮的女郎。

　　在夏威夷，抱張草席、拿本書當枕頭，到海邊椰樹下躲太陽吹風睡午覺，就是最豪華的旅遊。

沖繩島，殘波岬

● 在殘波岬，琉球王是否仍然日思夜想他的祖先故土？

　　就像一條飄搖在大海中，海浪不斷沖刷的繩索。琉球群島與曾經建立在這塊土地上的王國，也如同它的歷史，在鄰國的擠壓下飄搖求生，但終不免被異國沖刷併吞的結局。

　　琉球王國曾在十四、十五兩世紀，有過輝煌歷史，具備高度發達的商業與傲人的經濟。十六世紀日本倭寇開始侵略琉球與中國及周邊鄰國；十八世紀，日本侵入琉球；1879

① | ②
  | ③

1.日落的殘波岬
2.舊日沖繩 3.琉球豐收舞

年，日本將琉球國王「尚泰」抓到東京囚禁，琉球亡國。
1901年，最後一位琉球國王遭日本囚禁22年後去世，琉球王朝
徹底消逝。

殘波岬，最後的琉球王尚泰，是否仍然日思夜想午夜夢迴？到琉
球，不妨去殘波岬，感受海中小國的哀怨與悲愁。

　　琉球、沖繩島、那霸，這個有著三個名字的島嶼，主權
到底屬於誰？答案是，這世界，拳頭大的人贏。

（琉球王國先後經歷山南王國、中山王國、山北王國、第一尚氏王國、第二尚氏王國，而後亡於入侵的倭國。）

　　在琉球旅遊，穿梭在海岸與村鎮之間，往北走可以參觀海洋公園。從那霸機場可以搭乘單軌列車，前往第十五站首里（共十九站）參觀首里城。

　　島嶼旅遊，最好的回憶是穿梭海邊小鎮，找個小餐廳感受當地人的特色與溫暖，這裡有很多台灣人後裔，語言不通也沒關係，可用比的。找個海邊民宿，也是既乾淨又安全，不會騙人。

旅遊筆記

景點介紹：守禮門

1579年明萬曆帝稱琉球為「守禮之邦」冊封尚永王。懸掛「首里」匾額。當中國使臣來到琉球，國王和琉球的官員都要在守禮門迎接。2000年，日本銀行發行新版二千日圓紙幣，其正面圖案即為守禮門。

景點介紹：國際通商店街

沖繩當地逛街購物的好地方。可在單軌列車第七站縣廳前站下車，一路向北逛到第九站牧至站。

黑沙灘岩洞 ▶

黑沙灘巖洞裡戲浪：茂宜島

等浪來，浪來了。褲角濕了，幾個女人玩瘋了。

讓我們看雲去

夏威夷茂宜島Haleakalā National Park哈雷阿卡拉國家公園火山頂。

神奇靈異之地——
喜多那（Sedona）

● 亞歷桑那州，喜多那

初春，沿途時雨時雪。在羚羊谷的夜裡飄下了小雨。從大峽谷前往喜多那的路上，黃昏時前方出現亮麗彩虹。

Sedona，是印第安人視為具有神奇靈氣的聖地。他們說上帝造了大峽谷，但祂住在Sedona。

● 藏地，佛塔和平公園 Amitabha Stupa and Peace Park

這是一個占地14公畝的佛塔公園，信徒在此設塔與祭壇並加以維護。難以想像在距離藏地萬里外的這端能有這和平聖地。

來到Sedona，這個位於住宅區邊小山丘上的佛塔區，經常會被遊客忽略。感動的是，佛塔為海外信徒提供祈禱與冥想的地方，讓離鄉萬里佛子能記得家鄉的味道。為未能前往遠方藏地的人們，提供神聖的體驗。

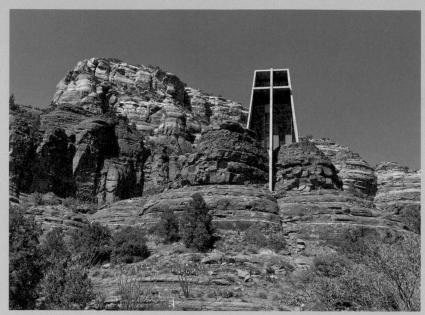

▲ 紅岩鎮聖十字教堂   佛塔和平公園 Amitabha Stupa and Peace Park ▼

• 聖十字教堂Chapel of the Holy Cross, 2650 Pueblo Dr, Sedona, Arizona

要感受Sedona的靈氣，還有一處得去，也就是市中心南方的聖十字教堂。建築座落於山丘上，嵌入四周紅色山岩之中，彷彿與大自然融為一體。

奇異的還不止是外觀帶來的感受，進入教堂，片刻間立刻一片寧靜包圍，想找個椅子坐下來，靜靜的坐一會。這樣的心靈體驗，無法以粗淺的筆墨形容，還是自己來感受吧！

從教堂外往下望，可見到一座豪華別墅，據說裡面住著一位尼可拉斯‧凱吉（Nicolas Cage）。

• 紅石鎮喜多那

我們投宿在Sedona市區裡，這個旅遊城市溫馨整潔，處處有迷人的雕像。街上小店能夠看出獨特設計個性與不同

Taken with Zenfone 4 series

Taken with Zenfone 4 series

擺設，讓人忍不住也進去逛逛帶點小紀念品。

Sedona的主要魅力是大片紅砂岩層，林立著眾多紅色巨岩，尤其旭日東升與夕陽西下時，陽光照射在岩石上，更會呈現出迷人的色彩。

2018年初春，一路時雨時雪。時雨是在羚羊谷夜裡，下雪是在大峽谷的清晨。黃昏時，我們在進入Sedona的路上，前方出現亮麗的彩虹。博冠開車，美惠在旁，我在後座打瞌睡。

這一趟旅程，我們從北加州下來南加州，進入內華達，亞利桑那，來回大概三千多公里。

Taken with Zenfone 4 series

悲傷地名：
旅行在世界最心碎的地方

尋找一個在我們熟悉地方，卻不熟悉的地名。

1848年，一名移民工人在內華達山脈蜿蜒而下的沙灘上，發現了幾粒閃亮金沙。這些金沙快速改變了歷史的進程。一夜之間，美國沸騰、世界震撼，淘金客從世界各地湧向今日加州首都「薩加緬度」。

當時的美國缺乏道路和鐵路。大多數淘金者選擇了海上航行，從美國東海岸一直航行至南美洲的最南端再北上，這是段艱苦的航行，幾個月歷經沉船、疾病、土著襲擊、海盜搶劫與迷航，航行辛勞且致命。對這些有著冒險勇氣的淘金客來說，目的地就像是世界盡頭之地，恐怖而遙遠。

1852年，僅有兩百人的小漁港膨脹為擁有將近四萬居民的城鎮，在當時算是大的都市。探礦者成了探險家，走進深入加州曠野的深處。沒有地圖，因為世界的這一部分是未知的。於是他們用地名來反映自己的經歷，諸如「最後機會」、「地獄洞水庫」、「魔鬼之門」、「迷失峽谷」、「魔鬼峰」、「朽木」等等地名，這些奇異的名稱也多沿用至今。

其實在每個荒蕪的地名背後，都存在一段由諸如風景、想像、歷史和悲劇交織而成的敘述。它們都是第一批拓荒者的血淚見證。

▲ 內華達山脈淘金客（網路相片）　　▲ 世界盡頭（網路相片）

「世界盡頭」（The End of the World）這個地方非常難找。它隱藏在美國東加州偏遠荒野中廣袤無垠的內華達山脈之中。

澳大利亞藝術家達米安‧路德（Damien Rudd）於2018年出版了《悲傷地理》（Sad Topography）。這本書里收錄了八十九個奇怪又陰鬱的地名──悲傷群島、世界盡頭、冷酷角、苦難路、自殺森林、厄運城、黑暗湖，還有許多讓人不寒而慄的地方，諸如自殺大橋、亡女出沒街、有去無回湖……等等。

這些聽起來有點匪夷所思的地名，都是真實存在的地方，只是對於大部分遊客而言，它們可能會被列進「不要為自己預訂航班去看的地方」名單裡。就連作者路德本人也承認，他自己從來沒想過要去這些地方。

緬甸伊洛瓦底江之戀

我們從五嶽三江的幾條偉大河流講起。

「三江並流」源自青藏高原，金沙江、瀾滄江和怒江這三大江在雲南省境內自北向南並行，奔流一百七十多公里，穿越崇山峻嶺。其間瀾滄江與金沙江最短距離為六十六公里，瀾滄江與怒江的最短距離不到十九公里。「三江並流」涵蓋範圍內，海拔5000公尺以上的高山有118座。

千百年來藏族人守護神山，恪守登山者不得擅入的禁忌。

伊洛瓦底江流經緬甸全境，全長2288公里。源頭梅恩開江，與上述三江同樣發源於西藏。

梅開恩江沒有與三江並列，是因它很快的流入緬甸，與邁立開江在密支那匯流後成為伊洛瓦底江，最後流入孟加拉灣，但它仍然不失為一條浩蕩大河。

密支那，是緬甸北部，中國境內與緬甸的重要商貿據點，也是緬甸鐵路北線終點，為一交通重鎮。

1942年日本入侵後佔領密支那，修築機場，干擾駝峰航線。盟軍必須奪回密支那，連結中印公路和滇緬公路，同盟國的援華物資才能送到中國大後方。

當時駐守密支那的日軍18師團，曾經在中國血洗上海後，又在南京大屠殺無辜百姓，到了新加坡也同樣殘酷。其師長

田中新一，在1937年七月七號與武藤章、河邊正三、牟田口廉也等人導演了盧溝橋事變（七七事變），引發八年抗戰（中國大陸稱為十四年抗戰，從1931年9月18日918事變算起）。

1944年，對密支那的收復戰由新22師發兵打響。5月17日凌晨，盟軍突擊攻陷機場，指揮官查爾斯下達暗號「Merchant of Venice」（威尼斯商人），隨後第10航空隊與第14航空隊的運輸機在當天傍晚飛抵密支那機場，運來中國駐印軍部隊固守機場，也守備鐵路防止日軍增援密支那。

田中新一倉皇鑽地道逃亡，丟下應視為生命的官印與師隊旗。同盟國贏來整個亞洲戰場轉折性的勝利，日軍自此節節敗退。

我們來看看，一段簡短文字敘述的戰役，戰場上死傷人數有多少。在中文《維基百科》中所記載的各方死傷紀錄人數太過殘酷，我們就用「死傷無數」代表無數失去父親丈夫子女親人的家庭。戰爭中沒有贏家，只有破滅的家庭、再也回不了家的士兵。

● 緬甸戰役

緬甸戰役，是指1942年—1945年，由於日本及泰國入侵並占領緬甸的歷史，是二戰的一部分。《維基百科》中不甚明確統計死亡人數，只能概稱為「死傷無數」。

1941年12月23日，中、英兩國在重慶簽署《中英共同防禦滇緬路協定》，此前16天的12月7日，日本偷襲珍珠港，美國

終於睡醒參戰。此後國民政府組建遠征軍，兩次進入緬甸。從中國軍隊入緬算起，中緬印大戰歷時三年三個月，中國投入兵力總計約四十萬人，傷亡接近二十萬人。

「一寸山河一寸血，十萬青年十萬軍」的口號，號召了學子知青保衛山河，卻也讓數十萬青年在毒蛇橫行的野山中，被日軍56師團一路追殺。二十萬知識青年就這樣消逝異鄉。

● 滇緬公路，史上最殘酷的公路

滇緬公路，始建於1938年春天，同年12月初步通車。起點為雲南昆明，終點為緬甸臘戌。全長1,453公里，是抗日戰爭時期中國西南後方最重要的國際通道。

抗戰初期，國民政府海軍全數被殲滅，沿海全面淪陷。一路退至西南後方的軍民百姓所需物資無法海運。靠著運輸機飛越喜馬拉雅山的運量遠遠不足，必須開築滇緬公路，物資由仰光港口卸下後由鐵路運抵臘戌，再由滇緬公路內運至雲南轉至重慶。同時開工的還有緬甸境內從仰光至臘戌之臘仰鐵路（這條鐵路至今仍是緬甸內唯一的一條慢速鐵路）。

1938年春節，沿線的幾十萬各族勞工，多數是老弱婦孺被徵集。他們沒有大型機具，無法開鑿山洞，只能全線沿著高山崖壁炸石，再徒手挖掘緩緩前進。當時傳言，掉下去的工人跟炸下去的石頭一樣多。工地險峻，還要時時躲避日軍轟炸機無情轟炸，炸了再修、修了再炸。就這樣，

同年12月這條西方工程公司估計五年才能通車的血淚公路初步通車。

● 法國戰敗投降，滇越公路中斷

1940年6月下旬，法國戰敗投降，同年九月封閉原本法國控制的滇越公路。自此滇緬公路成為中國戰區唯一且最重要的聯外通道。

可以這樣說，沒有滇緬公路，得不到補給的中國可能撐不下去而戰敗，同是軸心國的日本可能更有能力牽制同盟聯軍，讓在歐洲的希特勒撐得久一些，而二戰最終的結果就是拖延更久，人類浩劫更難終結。

這就是滇緬公路沿路數十萬中緬少數民族民工血淚犧牲的貢獻。

▲ 工人開鑿滇緬公路（網路相片）

▲ 誠心祈求天下無災

• 南僑機工，我們還必須知道與敬佩的一群人

　　抗日戰爭期間，南洋商人陳嘉庚在1939-1942年間，號召了三千兩百多名汽司機與修理技師到滇緬公路參戰，成員主要為南洋華僑（含少數巫族，印裔，與錫客人），也被稱為南僑機工（南洋華僑司機和技工）。當來自美國與西方的資深駕駛遇到公路上最危險的路段，不敢開車時，就由南僑機工頂上支援駕駛。戰爭結束後，這些英雄回到南洋僑居地者不足半數，半數魂斷異鄉。

　　二戰時，美國在中面緬印戰區組建了一支特種部隊，5307混合支隊。這支特戰隊戰後改編為美國陸軍第75遊騎兵團（75th Ranger Regiment），又名遊騎兵（Ranger），是美國陸軍的正式編制單位。至今其臂章中保留著青天白日圓徽。隊旗也保留著青天白日圓徽與緬甸軍旗。

　　硝煙不再，伊洛瓦底江依然流經山嶺叢林，在肥沃的仰光三角洲入海。

　　來到緬甸這個仍然苦難的國度，我們透過這段歷史，瞭解她過去經歷的悲傷、犧牲與貢獻。

　　基於對穿梭高山峻嶺間，滇緬公路的歷史記憶、對這段叢林往事的執念，旅遊生涯中，滇緬公路一直是我們旅遊行程追尋的目標。

出家成為佛陀子女

在緬甸，小童短期出家修行，是種虔誠的宗教儀式，從此生生世世是佛陀的子女，因此村子裡會讓小男孩小女孩集體前往寺廟，家族宗親們熱鬧歌舞送行。法師將小童們剃度，父母兄姐們向佛子跪拜頂禮後，便留他們在廟裡。

出家期間，小童們學校的功課照常要完成，打掃洗衣自己要承擔。需要打赤腳出外托缽化緣，行經自家門前，俗家父母也需以禮敬待之。一般出家僧侶過午不食，但小朋友夜間可以補充營養。

今天你出家、明天我出家。今天你的孩子出家，明天我的孩子出家。成年之後，還要不時回廟裡修行。相遇不會太晚，大家都互相善待，形成了良好循環。

我們的導遊阿彪，小時候也出過家。我曾問他，還俗後頑皮不寫功課會怎樣？他說：「還不是照常被打！」

「不是成為佛子了嗎，還打？」

「回家之後就照打！」

浪漫的日落烏本橋

　　緬甸 曼德勒烏本橋，橫跨東塔曼湖，長一千兩百公尺，
世界上最長、最古老的柚木橋。橋墩、橋樑、鋪橋木板都是
珍貴的柚木，靠斗榫鉚合而成，建於1851年。

　　烏本橋被被緬甸本地人稱為「愛情橋」。橋頭、橋尾和
橋中都修建有亭子，行人遊客可以遮陽躲雨。

▲ 日落烏本橋（評選最美日落之處）

可以被丈量長度的橋終有盡頭，但緬甸情侶認為他們的愛情是天長地久無法丈量。年輕人最愛來此，來這個有盡頭的橋紀念他們認為沒有盡頭的愛情。

夕陽唯美，還是會落下，落在浪漫的情人橋。

緣，可以結在萬里之外

　　臺北的五零年代，最熱門的旅遊景點大概就是野柳了，孩童們追逐遊覽車，叫賣著貝殼項鏈等等的手工製品。

　　如今在東南亞，這樣的場景依然存在，小孩會出來加減賺點錢幫忙家裡生計，遊客們會因憐憫而給他們額外的金錢或糖果。

　　當地政府意識到，給孩童錢會養出許多以此為生的小乞丐，給糖則會讓他們蛀牙，蛀了牙他們也沒錢去給醫生看牙齒。因此，政府在各景區貼出告示，「不要給小孩錢或糖果」。

既然不能給錢、不能給糖果，我家夫人便在家裡努力車縫文具袋，放入親朋好友贊助的鉛筆文具。大量的隨團，在需要的地方送給小朋友們結緣。

　　我們在緬甸蒲甘停車，取出團友們各自帶來的衣物與文具袋，附上緬文的鼓勵祝福卡。叫賣明信片與小紀念品的小孩迅速聚攏。有三位小朋友拿到幾件衣服，高興得立即在路旁換上。

　　北加州來的師姐一看楞了，這不正是她家三個小孩的衣服嗎？「很好，您多了三個遠方的小孩了。」

　　緣，可以結得如此深而遠，真的不容易。

　　謝謝靜芝師姐家三個小孩！這張相片會讓他們記得，他們的衣服曾經分享給萬里之外的小朋友喜悅和溫暖。

　　出門旅行，除了山山水水，還可以做這些事情。

奉茶

　　緬甸仰光的清晨，這家的男人，在早晨清洗家門口的奉茶棚，茶缸、水杯、茶水　都洗乾淨，換上乾淨甘涼飲水。路過化緣的沙彌、勞苦的朋友，口渴的過客，都會請來奉茶。

　　這是渴者的甘露水、這位是施予甘露水的人間菩薩！

　　緬甸仍保留著奉茶的善俗，我們常常可以在廟宇，道路旁看見奉茶的小亭子。有專人不時清洗並補充茶水。

　　飲用時，先拿起水缸旁不鏽鋼水杯，扭開水龍頭清洗一下，再倒出茶水飲用。飲用時懸空著喝，嘴並不會接觸水杯。

▼ 奉茶

在淳樸土地上的淳樸人們，用這樣的方式供奉僧眾，供奉過往的菩薩，也供奉勞苦的鄰里鄉民。供養佛、供養法、供養僧、供養路過眾生，是這裡的日常功課。

　　懺悔過去對奉甘露菩薩的甘露水起不淨心。我們可以用種種理由不去接觸，但也勿起非議心。先人留傳下的良善行為已經不多了！

兩支鉛筆

　　曾經，我們為甘肅山區小
學童，用著寸長的鉛筆頭寫功
課而心痛不已。

　　看起來這些小沙彌的配備
要好一些：一個橡皮擦、兩支
鉛筆、幾張皺巴巴的紙。

2019.10.0

單純的滿足

　　鄉間路上，兩位撿拾瓶罐的小孩，帶著愉快笑容。那一袋收集來要賣錢的瓶罐就是他們簡單的滿足。

孤兒院的阿梅——緬甸臘戌

我是阿梅，就是阿妹的意思啦。至於是什麼梅我也不知道，因為我出生被丟在街頭時，沒有留下紙條。來這裡後，我很少哭，大家就叫我好妹，後來就變成了阿梅。

我有了一個很多兄弟姐妹的大家庭，白天大家都上學去了，幾個幼小的就是我在照顧，冬天的太陽有點溫暖，帶小弟推推鐵桶、曬曬太陽，幫忙阿姨晾衣服。

好了好了，來來來我們躲起來，躲進這個大木箱我們的基地。外
面的世界也許寒冷，但我們擠在一起就很溫暖，長大後要記得，
這是我們的祕密基地，這裡是我們的家。

今天好冷，趁著中午沒這麼冷，趕快幫弟妹們洗洗澡。

　　緬甸北方臘戍，有一對天主教徒的夫妻，原本以小生意
營生，養育兩個小孩。一天，他的哥哥吸毒被關（在緬甸這
很平常，也關不久），哥哥的老婆跑了。夫婦倆接手了哥哥
的兩個小孩，從此大家都把孤兒送來他家。他們努力收容，
也靠了鄉親們的支持，幾年後，收容人數將近好幾百人。

　　前往緬甸時，我們集合親友的愛心，寄錢到當地，請臘戌的親友買食物米糧，衣物，鉛筆書，去給小朋友們。還沒有機會前往，前年底（2019）在蒲甘活動後本要前往，但叛軍正在當地與政府軍作戰，這在當地也是常常發生，外國人不被允許前往。孤兒院也遷往安全處。

　　2020年疫情嚴重，我們無法前往。2021年2月，政局動盪，仍然無法前往。

　　在此祝福小朋友們一切安好。

▲ 古老的蒲甘、勤勞的人民

蒲甘：千塔古王國

　　欣賞蒲甘風情，最好的交通方式是騎腳踏車，或搭乘馬車。穿梭鄉間小路，可以見到人們依然穿著傳統服飾，過著簡樸生活。

　　我們的馬車隊進入一個臨時村落，這是因為河岸家園被水淹沒，居民搬遷來的臨時住所。小學也是臨時使用廟堂。待水退後，他們會回去重建家園。

　　臨時村落裡，高腳屋旁，牛媽媽就地給小牛
哺乳。剃頭擔子拉個竹簍給客人理髮，家裡養的
雞滿地亂跑。

　　我們給學校留下習字本、文具還有一些衣
物。在佛塔旁廟裡的臨時教室外，偷偷看他們上
課。不打擾，就是一種敦厚。

▲ 乘坐馬車逛蒲甘

▲ 躲避洪水的臨時茅屋　　▲ 旅途中送上對小學童的祝福

圓老法師的一個願，
援建電腦教室

隨團走四方，也可以隨緣做些事。

旅途，不是只有山山水水吃吃喝喝。我們可以越過這個
檔次。

在緬甸這個超過九成人民信仰佛教的國家，人們從小就
會去寺廟短期出家。一生中至少去三次，每次七天到一個月
不等。

孩童出家是件隆重的事，生活還過得去的人家，會大群
家人盛裝陪同前往，剃度穿上袈裟後，父母及陪同一眾家人
必須跪拜頂禮，這個時候，孩童已是佛陀子女，也是佛陀化
身。富有人家的儀式更是盛大，舞群車隊前導，馬匹拉著花
車浩浩蕩蕩。

我們前往仰光北方七百公里外的「蒲甘」，一個還保留
著千百座佛塔的古蒲甘王朝所在地。目的地是一所老法師在
廟裡收留百多位孤兒的沙彌學校。

廟裡小沙彌的來處，有丟棄的、有人撿到送來的，都是
孤兒。正常人家的孩童出家有陣仗相隨，這裡的小朋友就是
襁褓之中被抱來，睜開眼睛就成了出家人。路上拾獲牽了
來，也出家成了沙彌。

　　法師收留養育沙彌學童，廟裡設有簡易教室，政府由當地派來幾位合格教師。孤兒們在此到十八歲前的身份是沙彌，之後可以自己決定去留。如何幫助他們提升學習能力，就是贊助者志工們與基金會決定要幫助的目標。

　　前幾次來這裡，老法師提到學校裡需要有電腦教學，想讓沙彌學童跟得上社會。跟政府要電腦設備很難，周邊百姓要資助也沒有能力。就志工們來吧！

　　這趟路途真的很遙遠，臺北飛仰光四個鐘頭，再開車十個鐘頭，從天剛亮開到天黑。會同仰光的志工、臺北親友們與劉寶足師姐組織的緬懷佛恩團隊，共同提供物資，為小沙彌設立電腦教學教室。出資裝修工程，訂購不鏽鋼課桌椅，提供全新電腦（在此感謝華碩文教基金會魏杏娟師姐的美成）。仰光志工還收購了上千本篩選過的童書，讓小朋友除了經書之外也有些補充讀物。

　　老法師收養了這一大群孩童，已經無法兼顧這些事。志工們可以以出點微薄之力供養僧徒。

▲ 第一次接觸 環保觀念體驗　　▲ 第一次的好奇接觸

　　三天的工作進行中，金蘭師姐帶著志工在蒲甘街上採買環保分類桶、掃把、垃圾桶，要為小朋友提供環保教育，還要幫他們清潔環境。畢竟廟區裡沒有姐姐媽媽婆婆們幫忙照顧，小朋友的衛生條件還有很大改善空間。

　　金蘭師姐與廟裡的教師們溝通即將進行環保教育的重要性。對於法師與教師們，這是個極少接觸到的概念。

　　其實緬甸人民也會回收寶特瓶，加油站不普遍，收集寶特瓶是用來裝汽油。今天的活動就是希望從廟方開始，從沙彌來帶動種下環保的種子。

　　活動時總要有些小禮物來迎賓，彥甫師兄掏腰包去市集買了小餅乾飲料，還在原本就備好的文具袋裡放了小額紙鈔，小朋友有點小資產也是不錯的。

　　法師點收了基金會的十台電腦與建設電腦教室經費，一千本童書與一批環保用具。

　　帶團空檔，專程飛過來幫忙的導遊阿彪，也努力在幫忙，悄悄地跟我說：「大哥，你帶團就帶團，緬甸話三句不懂，怎麼就跑到這裡來了！」

　　隨團走四方，也可以隨緣做些事情的。

▲ 千本童書，華碩文教基金會電腦與修建電腦教室

旅途，不是只有山山水水吃吃喝喝。我們，可以越過這檔次。

活動中，沙彌學生與教師們熱烈回應著仰光志工們的帶動。環保概念慢慢會在他們心中萌芽。

活動尾聲，完全聽不懂的歌詞隨著熟悉旋律響起，因著距離的遙遠，因著對他們的掛念，志工們紅了眼。

我們是一家人，是的，我們是一家人。

我們會再來！

托缽化緣

● 生生世世為佛陀子女

　　法師同意收留我在此短期出家，成了這一百多位比最小三歲小沙彌更小的師弟。彥甫師兄擔心我住廟裡語言不通，讓他公司會說中文的經理AuoAuo陪同我一起剃度。

　　經過簡單而正式的剃度儀式，發下袈裟後，時間已近黃昏。出家人過午不食，過五不得離開廟門。仰光來的凡夫俗子們（他們自己說的）佈置好了明天的環保教育場地，包括我家師姐都離開去飯店休息去用晚餐了。

▼ 努力保持清醒做早課

出家人過午不食的規矩，因考慮年幼小沙彌在成長期，他們是可以食用流質湯水補充營養。我倆因而受惠也可以不至挨餓。

昏昏沉沉在經堂聽了一段聽不懂的經文，也不是只有我在點頭，較年幼的小沙彌也有歪歪倒倒的，最驚奇的是他們口中還是喃喃默念，跟的上經文，原來天天朗誦的經文早就入八識田裡了。緬甸全境小學生早課前有十分鐘的誦經時間。導遊阿彪告訴我，小學時，他班上有非佛教徒，不用跟著誦經，但久了也都會背誦，還會嬉笑的指出他哪裡念錯了。

喝了奶茶，早早就寢。寢室是間原本空置，配有電扇的房舍。仰光來的年輕志工已經打掃好，洗手間也做了整理。為出家眾服務是為供養，他們是歡喜的，我們也是衷心感激。明早四點要出廟門，參與一件重要的大事。

● 放下萬緣上袈裟，赤腳托缽菩薩道

小沙彌瑟縮在包緊緊的僧衣裡，在清冷早晨列隊前行。唸著佛號跟著法師走在佛陀的路上。僧人沙彌必須在午前出外托缽化緣，接受十方供養，同時以經文迴向祝福十方。

小沙彌必須上學，無法在午前外出，所以就是天未亮的四點多集體到達當地善人所在處接受供養。大德們半夜就開始準備食物供養這群小沙彌，還有更多別處前來的沙彌。

清晨化緣回來幸福的早餐 ▶

刮一刮，不要浪費 ▼

2019.10.08

　　接受供養時，信眾拿過缽蓋上的小鋼皿，盛上不同食物，把米飯盛入裡，把鋼皿放回缽蓋上。沙彌以莊嚴佛號帶給信徒祝福。此時沙彌是與信眾化為一體，都是佛陀子女。

　　六點多，行走了幾個供養處回到廟裡，較大的沙彌把托缽回來的米飯倒在一起，讓小沙彌拿著鐵盤自行盛飯。數種配菜混合全倒入大桶，排隊讓大哥哥給他們打菜（全部混成一種了），各自圍一起，在廟後方竹台上就食。飯是足夠的，但配菜就不是太充分，幾個食量大的小沙彌還會拿起菜桶用手去刮刮桶底的剩餘食物。

　　他們從昨日中午前用餐後就沒再進食，雖說法師還是會在夜裡給補充流質營養，畢竟不是正餐。早起又行走托缽，終究還是餓了。刮刮桶底桶壁，可以吃飽一些。

　　多次前來，都無法真實瞭解小沙彌的生活狀況，廟後方不允許外人進入。如不是在此出家成為一家人，也不能進入瞭解他們的就寢與用餐的環境。

小沙彌在上學，我們一夥準備下午的環保宣導，幾個還小、不用上學的小沙彌圍繞著玩耍幫忙。

　　記錄下次再來要準備的事項。廚房裡的設備，與後面庭院的環境是一定要處理。不能讓他們在這種惡劣環境下用餐。

準備進行的出家體驗營構想是這樣：出家幾天，清晨隨隊伍出外托缽化緣，早晨在廟裡打掃打雜修繕房舍。中午進餐後出外參訪蒲甘現存古佛塔，小確幸是穿袈裟，僧徒身分可以不用買門票。

五點前回到廟裡。關門晚課聽經，聽不懂也無妨，就是打坐靜心，佛曲佛經都是殊勝的天籟。做完晚課，在廟院裡到處走走，看看小朋友，與僧侶們共享一片星空。

　　家屬可以參與，白天在廟裡幫忙備餐，幫小菩薩修補衣物，下午也隨同參訪。蒲甘佛塔之旅可是重要的旅遊地點。五點之後家屬回飯店用餐休息。幾天後還俗，法師給的袈裟必須交回。頂個沙彌頭再去參訪幾天也是難得。

　　如果覺得到處旅行厭倦了山山水水，就來體驗短期修行。生生世世為佛陀子女。

　　2020年疫情爆發，2021年政局紊亂，我們靜候機緣。

▼ 小沙彌不是隨便可以抱的

買一把蓮蓬

　　來到柬埔寨吳哥窟護城河前，不妨買把蓮蓬，挖出新鮮鮮蓮子去皮，在口中慢慢咀嚼，感覺那股清新甘甜！

　　照片裡是一名賣蓮蓬的女孩，不忘在鏡頭前做出淘氣的怪臉。

柬埔寨　洞裡薩湖

- ## 白晝與黃昏——梅艷芳〈夕陽之歌〉

斜陽無限　無奈只一息間燦爛

隨雲霞漸散　逝去的光彩不復還

遲遲年月　難耐這一生的變幻

如浮雲聚散　纏結這滄桑的倦顏

漫長路驟覺光陰退減　歡欣總短暫未再返

哪個看透我夢想是平淡

▲ 日落洞裏薩湖

▲ 水上人家

漂浮水上的難民營

　　柬埔寨洞里薩湖的水上人家，多為越南難民。1978年越南入侵柬埔寨，一直打到首都金邊，推翻了當時的波爾布特政府，把紅色高棉趕往邊境山區。把西哈努克趕到北京避難。

　　這場戰爭，對於越南與柬埔寨都造成了嚴重打擊，數百萬人背井離鄉，莊稼無收，饑荒嚴重。在這期間越南有大量（數十萬人）難民遷至洞里薩湖周邊，回不了越南、也無法登陸柬埔寨，只能就此在湖上度日，以捕魚、飲用湖水為生。至今根據聯合國的統計，仍有幾萬名水上難民在此生活。

　　湖上兒童的教育，成為水上人家明日的希望。我們在湖上尋找孩童，也嘗試登上教會的水上學校。看看這群散發堅強生命力的學童，是如何在艱困環境中求學，藉由大家集合的文具給予他們一些鼓勵。

水上攤販 ▲

　　來柬埔寨吳哥窟，可以安排前來洞里薩湖，最好是在黃昏乘船遊湖。登船時岸邊小孩會兜售新鮮蓮蓬，一兩塊錢美金就是一把。剝開外皮、取出蓮子直接生吃，味道清香微甘，不苦不澀。

　　我們搭乘快艇前往湖中的水上商店，在平臺上欣賞湖上日落，但最佳的觀賞點還是在搭乘的快艇上，可以自行調整角度，也不會太擁擠。

　　此時，岸邊水上人家也開始準備晚餐，就著黃褐色湖水洗澡洗衣，小孩划小船抓靠遊艇叫賣水產。他們上學也是划著船前往水上學校！

　　偶爾還會有對他們仇視的柬埔寨人挑起紛爭，柬埔寨政府也不讓他們上岸生活（上岸買賣補給是可以的），也可能他們負擔不起陸地上的花費，也可能他們習慣這樣的日子，總之最後還是選擇成為無國籍的水上居民。

　　一場侵略戰爭，留下今日這個場面！

漂浮水上的難民營

139

吳哥窟祭壇

烈日曬　風沙狂
傲視蒼穹我是王
星空下　晨曦裡
捨不得離去妳的魅麗
再千年
我依然守護這片土地

　　柬埔寨吳哥窟與中國
長城、埃及金字塔、印
尼婆羅浮屠並列為古代
東方四大奇蹟。神廟幽
深的長廊、精美的浮雕
以及高聳的聖塔，令人
震撼不已。

　　建於十二世紀的古
老寺廟曾經淹沒於叢林
中數個世紀，到近代
才被法國神父根據元朝
人周達觀寫的《真臘風
土記》中所記述重現於
世。佛塔祭壇象徵著印

度教和佛教神話中的宇宙中心須彌山。

　　神殿里供奉著印度教三大神之一：維護世界之神，毗濕奴。

吳哥窟祭壇▶
▼殘缺的石雕，殘忍的切割

精緻石雕 ▲

　　從十九世紀到二十世紀初期，到處都可見到西
方列強大肆在亞洲搜刮的痕跡。吳哥窟神壇許多
無頭的雕像，就是這樣被砍下挖走，到了西方的
博物館。

　　美國前總統歐巴馬的母校哈佛大學，在歐巴馬
介入下歸還了秘魯二十多件古印加帝國的石板，這
個要拍拍手。而歐洲一些名震天下的大什麼館、什
麼宮的，充其量不過就是些贓物收藏中心。

善惡拔河 ▲

善與惡永恆的拔河

　　柬埔寨吳哥窟神廟前，善神、惡神永恆的拔河。善與惡永遠在道路兩旁招引著眾生。

　　只要世界仍然存在，善與惡會永遠爭鬥。哪一方最終勝利？

　　我們的師父說：「要看哪邊人多，人多的一邊就會贏。」

　　所以我們要靠善而行，還要努力把善人接引過來。

▲ 柬埔寨竹筒飯

椰香紅豆竹筒飯——
高棉國民美食

　　車經過金邊往暹粒省公路，我們停留在路旁，品嘗高棉人民美食：椰香紅豆竹桶飯。椰漿、米、紅豆，在竹筒內燒烤，美食，就是這麼簡單。

　　撕開削薄的竹片，取出帶著竹內膜的米飯，輕輕在口中體會。竹膜的口感伴著椰漿紅豆的微甜。食用後手指上久久留著餘香。真是無憾的美食！

▲ 達坂城

絲路上的馬車夫之戀

● 「達板城」的姑娘

　　前往烏魯木齊的路上經過達板城，遠遠就看見大片風車。這是中國最大的風力發電基地。當然，先決條件是這裡的風要夠大，還要吹得長。長年風沙，人們生活的艱辛就可想而知了。

　　王洛賓改編維吾爾民歌成為「馬車夫之歌」。歌詞中提到「帶著百萬家財」是戲謔之詞，當地人哪來的百萬家財？

▼ 打水姑娘　　　　　　　　　▼ 王洛賓

「領著妳的妹妹跟著那馬車來」根據當地人的講法，因這裡人家普遍生活困苦，姐姐有了夫家，妹妹就跟了去，有個照應，也希望能在夫家那邊找個好對象，算是個溫暖的習俗，只是有些人把它想多了。

歌詞浪漫，可以讓我們有無窮的想像。大家哼著這首都會的歌一路前行。

> 達坂城的石路硬又平啊西瓜大又甜啊
>
> 那裡住的姑娘辮子長啊能不能夠到地上（兩個眼睛真漂亮）
>
> 假如你要嫁人不要嫁給別人啊一定要你嫁給我
>
> 帶著百萬錢財領著你的妹妹跟著我馬車來
>
> 杭州城的榧子（梨子）脆又香啊枇杷大又甜啊
>
> 杭州城的姑娘木佬佬的好啊沒有一個不漂亮（兩個眼睛真漂亮）
>
> 假如你討老婆不要娶別人啊一定要你娶了我（娶了走）
>
> 帶著百輛馬車（百畝田產）領著你的親隨跟著我轎子（花轎）來

▲ 人們經過了她的帳房都要回頭留戀地張望

雪地中的王與最美的姑娘

● 六世達賴倉央嘉措

「不負如來不負卿」動人詩句背後的淒美愛情。

在歷史洪流中，被迫離開故里歸不得家鄉的還有一位：六世達賴—倉央嘉措，藏傳佛教格魯派的轉世活佛。

清康熙二十二年（公元1683年），倉央嘉措出生於西藏南部的一個普通農奴家庭，家族世代信奉寧瑪派佛教。少年時的倉央嘉措，聰慧敏感、叛逆深情、才華橫溢。可惜在民間天真爛漫的時光，只持續到他十四歲那年。

康熙三十六年（西元1697年），倉央嘉措被選定為活佛轉世，接入了布達拉宮，盛大的坐床典禮之後，成為格魯派的第六世達賴喇嘛，開始了他雪地之王的苦難之旅。

　　雖然當時他已有所愛之人，但做為必須杜絕人間情慾的達賴喇嘛，孤獨便開始伴隨著他短暫的一生。身為活佛也是一位情人的他，寫下了「世間安得雙全法，不負如來不負卿」，道盡他在轉世活佛與今世戀人兩個角色之間的掙扎。

　　「住進布達拉宮，我是雪域最大的王。流浪在拉薩街頭，我是世間最美的情郎。」流浪在拉薩街頭青藏草原，應該是他待在布達拉宮裡最大的渴望吧！

　　七年後，康熙認為他離經叛道、不守清規，廢了他的地位。傳說他被押解進京途中，往生在青海湖畔，也有傳說他被信徒護送，從青海遁入內蒙，修行於南寺，最後圓寂在黃沙大漠之中。

　　關於倉央嘉措被卸職後去了何處的傳說，這位雪地中的王，這位世間最美的情郎，願他從此伴著心裡最美的姑娘，放棄雪地的王，追逐著對戀情對自由的渴望。隨著牛羊流浪草原上：

那一天，我閉目在經殿的香霧中，驀然聽見妳誦經中的真言：
那一月，我搖動所有的經筒，不為超度，只為觸摸妳的指尖：
那一年，磕長頭匍匐在山路，不為覲見，只為貼著妳的溫暖：
那一世，轉山轉水轉佛塔，不為修來世，只為途中與妳相見。

▲ 文成公主紀念館

在青海遇見文成公主

　　唐貞觀15年（西元641年）宗室女文成公主（623-680）奉旨和親土番（今西藏），別父母，離開長安一路西行，歷盡艱辛來到了赤嶺（今日月山）。

　　回首來時路不見長安，西望滿目荒涼，一望無盡頭的荒漠高原。離開親人和家鄉越行越遠，不由得思念起遠在長安的父母家人。

　　她想起臨行時母親給她一面寶鏡時說的，若懷念親人時，可以從寶鏡裡面看到家中景象，於是急忙拿出日月寶

▲ 青海玉樹文成公主廟

　　鏡，果然從鏡中看到了父母親和家中親人。這時不禁悲從中
來，淚水潸然而下、滴落河中。公主擔心河水帶著淚水流向
故鄉讓母親悲傷，於是祈求山神讓河流改道隨她西行，從此
河流倒淌一路陪伴，成為了倒淌河。

　　想起離鄉數千里的和親任務，文成公主知道自此想家無
用，毅然摔落寶鏡。寶鏡落地裂為兩片，變成了今日的「日
月山」。終其一生文成公主在藏地將近四十餘載，沒有再回
過中原故里。

　　文成公主廟，是數十年後也是前往藏地和親的金城公
主，路過時為其名義上的姑母所修。日月山、倒淌河，則在
今青海省西寧附近青藏公路旁。

天下河水皆向東，唯有此河向西流。倒淌河起於日月山西側倒淌河鎮，一脈清澈的河水，溫柔靜靜悄悄地流淌著，向西注入洱海。不見滔滔不聞喧嘩，清冽淡泊透明晶瑩。藏語意即「人們喜愛的地方」，陪伴著文成公主倒也貼切。

　　相較於昭君出塞，文成公主入藏的影響更加巨大，這位公主在藏族，大幅緩和了漢藏兩族的緊張關係。在當時的環境下，文成公主入藏是帶著半強迫的性質。唐太宗高明（無情）的以公主和親，改善了雙邊關係，也為藏族人民帶去了大唐的文化和各種技術。

　　文成公主入藏路途遙遠艱險，唐太宗命令一路的官府造橋鋪路，建造佛寺，為公主開路，這同時也造福了當地的百姓。

　　當文成公主到達藏族之後，大量唐朝的先進技術被帶了進去。當時藏族的農耕相對落後，公主帶去農耕工具和專業人員教給當地人耕作技術，公主和侍女們也教導藏族婦女紡織和刺繡技能。當然各種造紙、冶金和釀酒等生活必備工藝也帶給了藏族，流傳深遠。

　　而在松贊干布去世之後，文成公主還參與設計了大昭寺和小昭寺。如今藏族的很多地方都能看到文成公主的雕像。

　　文成公主入藏路線起始於都城長安（今日西安），途經過甘肅和青海，最終到達西藏拉薩。這條道路歷史上稱之為唐蕃古道，在當時是漢藏兩族交流的畢經之路，全長三千餘公里。

在今日，從西安往拉薩有多種交通工具可選擇。可先到達西寧。走青藏公路G109。

青藏公路的平均海拔高度超過四千五百米（雪線），相比其他兩條進藏公路—新藏公路和川藏公路，青藏公路是路況最穩定的一條。許多西藏迷把這條公路視為一生必走的路徑。車行群山中穿過歷史小鄉村，一路緩緩西行往高海拔地帶，也可慢慢習慣高山恐懼而緩解相關的症狀。

我們經過日月山文成公主廟，前往青海湖。傳說中這裡有個美人村。當年和親隊伍經過時，留下體力無法負荷再前行的宮女與隨行人員，形成了之後的補給營隊，久而久之就成了美人村。

大家不再打瞌睡，努力望向車外尋找著大唐美女。

對了，還必須留意尋找青海草原上最美的情郎！

青海湖邊的浪漫情事：
在那遙遠的地方

王洛賓在青海湖畔拍攝紀錄片時（1939），認識了活潑美麗藏族姑娘卓瑪。拍攝過程中，兩人共乘馬匹在青海湖邊奔馳，卓瑪的皮鞭輕輕揮打在王洛賓身上。拍片完成之後，王洛賓在回西寧的路上悵然若失，寫成了這首傳世之作。

大半生坎坷的王洛賓，在當時對感情的態度是美麗而隱藏的，也因這樣的情緣才能留下傳世的情歌。

從前的情歌是這樣的：

在那遙遠的地方　有位好姑娘

人們走過了她的帳篷　都要回頭留戀地張望

她那粉紅的笑臉　好像紅太陽

她那活潑動人的眼睛　好像晚上明媚的月亮

我願流浪草原上　跟她去放羊

每天看著那粉紅的笑臉　和她美麗金邊的衣裳

現代的情歌長這樣：

有一個美麗的小女孩　她的名字叫作小薇
她有雙溫柔的眼睛　她悄悄偷走我的心
小薇啊妳可知道我多愛妳　我要帶妳飛到天上去
看那星星多麼美麗　摘下一顆親手送給妳
青春就是這樣，為了愛情可以流浪草原去放羊，為了愛情就
想飛上天去摘星星。

　　　　　　　　　　──〈小薇〉（詞／曲：黃品源）

▲ 王洛賓（網路相片）

18歲時的卓瑪

▲ 卓瑪（網路相片）

青海最美麗的姑娘

　　北疆青海西藏的旅遊，我們從臺北飛青海省會西寧，直接轉飛烏魯木齊。一路東行到達敦煌，從靠近敦煌的柳園乘高鐵回西寧，再前往青海湖。在西寧兩天後回臺北。原本冗長的拉車行程可在天數及預算上大大縮減。

　　在敦煌的柳園站，我們上蘭新高鐵回到了西寧。在青海草原的1938年秋，情歌王子王洛賓把當地歌謠改詞成為膾炙人口「在那遙遠地方的小姑娘」。

　　西寧的夜裡，大多店家已打烊的水井巷裡微亮角落，兩位服務員整理完店鋪後，提著湯食蹲著在店鋪外，餵食一位不知何處前來的重度身障者，雖說帶著一整天工作後的滿臉疲憊，她倆還是一口一口細心餵食著這也許是這位身障者一天裡唯一的一餐。

　　她倆說，已經餵食這位不知從何處爬行而來的可憐人多日了。

　　在離開青海的最後一刻，遇見了兩位善心的姑娘，她倆的慈悲善心值得人們不斷回頭流連的張望。

　　美麗的人物是旅行中最生動的回憶。這兩位是青海最美麗的姑娘。

洛陽往事

　　清晨，潘安（西元247—300）整裝出門前往會合左思，今天約了在城裡逛逛。左思（247年—300年）拉了小車，有些期待，早就等在家門口。

　　說起古代的美男，很多人想起的是魏晉時期，最耀眼的美男潘安。大家誇讚男人長得帥會用到一句話：「貌比潘安」，可見他長得多帥。

▼ 麗景城門內街道

Taken with Zenfone 4 series　　　　2018.11.28

潘安只是隨便出門走走，男人就會讚嘆他的俊俏，還有婦人過來拉拉扯扯，往他身上塞著花果，靠不近身的就丟了花果過來，潘安只好拉車上街，不時拉了一車瓜果帶回家。史稱「擲果盈車」的瓜果之亂。

而左思徹底鬱悶了，不但在街上被人們鄙視，還可能拿爛水果砸他、要他滾，據《世說新語》所載，左思出遊時，「群嫗齊共亂唾之，委頓而返」，應該是想著這位華夏第一醜人，被這樣無理的對待，他完全不應該生活在洛陽了。這

花生大叔 ▼

▲ 不翻湯

些無知婦人完全不知道就是這位其貌不揚，卻才高八斗的人
寫下〈三都賦〉轟動武林驚動萬教，造成「洛陽紙貴」。

　　左思身材矮小貌不驚人，說話結巴，看起來一副痴呆。
這可是其父御史左雍親自認證的，常後悔生了這兒子，認為
他成年後應是無用之人。

　　從小不甘心受鄙視的左思，發憤學習。認為東漢班固寫
的《兩都賦》和張衡寫的《兩京賦》其中虛而不實、大而無

當，因此決心另寫一篇把三國時魏都鄴城、蜀都成都、吳都南京寫入賦中。

他行走山川，拜訪專家，收集大量物產風俗史地人情資料，閉門開始苦寫。晝夜冥思苦想，字字琢磨句句推敲。經過十年，集結左思心血結晶的〈三都賦〉終於寫成，造成了人人爭相抄寫的盛況！

左思在成名之前，都是在被鄙視的環境中鬱悶成長，於是在這天，同是文人集團「二十四友」之一的潘安要拉他街上去走走。

華夏自古以來，長得最俊與長得最抱歉的兩人聯袂上街，會有什麼樣的狀況？會被美女「擲果盈車」還是會「群嫗齊共亂唾之，委頓而返」呢？

這一段洛陽往事，千古無解。

今日遊覽洛陽，四月時看牡丹，平日可以看看麗景門。

如果牡丹芍藥傻傻分不清，還是帶盆回家欣賞就好。牡丹花展向來就是人擠人、看人頭。晚上則可以到麗景門看看燈火，喝碗熱熱的不翻湯，跟街上大叔買些花生回酒店啃。

我們在洛陽停留的時間太短，只能拿潘安，左思出來說說。可惜都到了這十三朝古都，代表著半部華夏歷史的洛陽，卻沒能細細品嚐它的歷史，若有時間，不妨靜下心來，好好的遊歷，期間定會發現，還有很多精彩的故事等待著我們去發掘。

懸空寺前猶積雪，
五台山下夜抄經

　　從太原經介山到壺口瀑布、平遙古城、雁門關、廣武城，再經平遙古城到雲岡石窟，到達懸空寺，我們翻山越過零下九度的山嶺到了五台山，文殊菩薩的道場。

　　離開懸空寺，進入五台山區時，前幾天下的雪仍在路旁沒有融化，滿山滿天還是灰白茫茫一片，經過入山檢查哨時全體下車，乘客徒步走過閘門，在前方等待軍警檢查後放行車輛，上車繼續前往五台山谷我們投宿的旅館。那一段百來米的路程體感零下十來度，讓南方來的我們凍得脖子都僵了。

▲ 我們來自遠方

進入溫暖旅館安頓之後，用過晚餐，今晚不再有人來詢問夜裡可以去哪裡逛，外邊一片漆黑，只有來往車輛的頭燈與遠處店鋪的招牌燈，山谷裡睡得早，遊客還真的沒地方可以去。

　　告知了團友們稍後可以到二樓的佛堂抄寫經文，我們備了《般若波羅蜜心經》。來了五臺山，文殊菩薩的道場，抄經可是必須的殊勝。

　　溫暖的佛堂裡靜悄悄，大家默默抄寫著經文，感受著這難得的一刻。山谷裡呼嘯著野風，與我們心中的經文共鳴成和諧的梵音。這一刻，希望能在大家心裡留下回憶感受。

　　外面的溫度好像更低了，幫每間房備妥足夠棉被，開暖空調。我們也回到走廊靠外邊的司機領隊房準備就寢，導遊小韓幫我去多搬了一床棉被。等我洗澡出來，驚訝的看著他與開車的師傅都換上厚厚棉褲。師傅看著深感詫異的我笑笑說著：「我們山西人也會怕冷的好嗎！」是呀，這不是他們看我沒帶棉褲，給我搬來了厚被嗎？旅館裡給司機領隊安排的，肯定是靠外邊較不靠譜的房間，還是趕快窩進去拉緊棉被，把毛線帽也戴上。

　　今夜，外邊將近負十來度，三個人在一間房，也許比較不冷。

＊五台山，圍繞著山谷的五座山峰，我們走的是山谷中的台地，明天中午花半天走完就會離開。朝山信徒會用小巴上五台。一天一座山峰。像這樣下著大雪應該是上不了。我們也一路留意封路的消息，萬一封山要繞路就好玩了。

＊花和尚魯智深在五台山出家避禍，花和尚是因為他的紋身，而非好色花心。

＊個人較大的比例相信順治皇帝看破紅塵出家五台山，法號行癡。

▲ 五台山下夜抄經

▲ 順治皇帝歸山詞

熊熊火堆中的奇異節日

● 北方寒衣節因孟姜女而來

「雁門關外野人家，不植桑榆不種麻。

百里並無梨棗樹，三春哪得桃杏花。

六月雨過山頭雪，狂風遍地起黃沙。」

——〈雁門關外野人家〉，金‧元好問（1190－1257）

旅遊筆記

當局明令禁止常引起火災的燃燒行為，雖然公安還是嚴加戒備守護著，但各大路口，民俗中的極陰之處還是熊熊火堆，畢竟這是千百年來的祭祖習俗。

民間傳說，孟姜女千里迢迢，歷盡艱辛，為丈夫送衣禦寒。誰知丈夫卻已屈死埋在城牆之下。孟姜女悲痛哀號，哭倒長城找到了丈夫遺體，用帶來的棉衣重新妝殮安葬。由此產生了「送寒衣節」。

行經雁門隧道，穿越了昔日須翻山越嶺的雁門山之後，車上的團友起了騷動，擠向車窗開始拍照。放眼望去一片冷

瑟，充滿了初冬塞外風情，枯黃山頭上開始出現一道道千百年來留下的古長城遺跡，一座座的烽火台也看似完好的出現在山嶺上。我們正從關內走入塞外，而雁門山就是重要的分界點。

北上的左側出現了廣武城，這可能是保留至今最古老最完整，仍然過著舊日生活，沒什麼遊客打擾的古城。據説城內多數居民姓李，是漢時李廣的後裔。古城就在路旁，但我們因天色已晚無法更改行程，下次定要修改路線一訪。

來訪山西，地上博物館，一段充滿歷史文化的旅程。黃土高原的深厚黃土，黃河壺口瀑布的黃濁河水，一片昏黃的窯洞村落對照著冬季枯黃山頭；莫非這就是我們被稱為黃種人的由來。

進入大同市，穿越了數百里的荒涼公路，總算進入了城市，終於見到了燈火，心裡踏實了些。

不想今日適逢農曆十月初一，正是中國北方三個鬼節之一的寒衣節。「十月一送寒衣」，燒寒衣的習俗在偏遠北方還被保留，人們在十字路口煞氣充足之地，焚燒紙紮衣物紙錢祭拜先祖。也焚燒五色紙錢，給那些無人祭拜的孤魂送上禮金，也免得他們哄搶燒給自家先人的祭品。

　　偌大城市中，街口路中一堆堆熊熊火焰，在冷冽的夜裡顯得詭異，又帶著溫暖，這是為先人送上禦寒衣物用品，讓先人免受飢寒的特別日子。

　　這個時間點遇上這個節日，是旅途中可遇不可求的巧遇。跟開車師傅與地陪商量後，在前往投宿飯店的路上，多繞了些路，讓我們在車上靜靜看著這奇異景象。

　　告知了團友們今夜街上零下低溫，不會是個平靜的夜晚。最好待在溫暖的房內，不要好奇隨便外出打擾了外面的世界

旅遊筆記

山西旅遊，我們搭乘東方航空從太原武宿國際機場進入，進入太原，走訪介休、綿山、壺口瀑布後進入平遙古城，再經雁門山廣武城到達大同。接著要走訪的是雲崗石窟五臺山懸空寺。

第1天　桃園國際機場→太原（柳巷商業圈）。

第2天　太原→介休（南莊古村落）→靈石（王家大院、后土廟）

全日約250公里，車程約3小時。

第3天　靈石（綿山風景區【綿山十環保車：雲峰寺，大羅宮，天橋十單程電梯，水濤溝】）→壺口

全日約310公里，車程約4小時。

第4天　壺口（壺口瀑布【電瓶車】）→世界文化遺產：平遙古城（古城牆、古縣衙、日升昌票號、明清一條街【電瓶車】、贈送晉商鄉音民俗表演秀）

全日約330公里，車程約4.5小時。

第5天　平遙→太原（中國煤炭博物館【模擬礦井十動感電影十小火車】）、廣武城、雁門關（含電瓶車）→大同

全日約300公里，車程約4小時。

第6天　大同（世界文化遺產：雲岡石窟【含電瓶車】、九龍壁）→　山（懸空寺【不含登臨費】）→世界文化遺產：五臺山

全日約240公里，車程約4小時。

第7天　五臺山（寺廟群：顯通寺、塔院寺、萬佛閣、殊像寺）→太原

全日約260公里，車程約4小時。

第8天　太原→桃園國際機場

▲ 廣武城

雁門關下廣武城

當旅遊不再只是休閒賞景美食時，心中的渴望才是出門旅遊的動力。

走訪邊塞——黃河岸陰山旁，那只有長城外才有的清香。閃著金光的千里草原、風沙呼嘯而過的大漠，悲涼的〈出塞曲〉，成為了一再前往塞外大漠走訪的動機。

山西朔州／舊廣武城，始建於遼金時期（乾亨元年。西元917年），南望內長城，西接遼代雁門關關城遺址。長城，烽火台與堅固的軍事防衛體系，是中國大陸保存最為完整的宋遼古城之一。

初春清晨，從太原出發一路往北，高速路旁只有葉已落盡的白楊樹努力頂著冷冽北風；過了雁門隧道後景色漸漸開闊，遠處山嶺上不時可見千百年前留下的烽火台，在古戰場燃燒狼煙以不同的烽火形態傳遞不同的緊急訊號。想著當時

烽火台旁就是駐守軍士生活所在，在漫天飛雪中孤軍駐紮的景象，開始跟隨行導遊討論要如何才能登臨。

　　下了高速，路旁就是些服務過往長程車輛的修車店鋪與吃食店，來往行人也是稀少，路旁給遊客修建了拍照的公園，大概就是些古軍事人物雕像，我們沒有停留，還是直接前往一般遊客不會造訪的廣武城。

　　廣武城，現存最完整的遼代古城，為雁門關之前重要據點，當年整個雁門關防禦系統的核心。歷來北方游牧民族南下，必定首攻廣武後圖雁門，再揮兵中原。古城周長一千六百多米，高八米，城牆牆基仍然高聳厚實，是一座防守型的軍事堡壘。

　　走進城內，屋舍多以土夯石砌，少數殘破住宅看似棄居已久。居民白天外出工作，城內看不見什麼人。

　　灰溜溜的天、灰溜溜的街巷。僅有的一家雜貨店（居民活動中心）前，有幾位曬著灰溜溜太陽的大爺。邊上有家掩著

灰溜溜門的溫二豆腐坊，推門進去跟豆腐大娘買些灰灰的豆腐（真的是灰灰的，沾醬油可好吃了），今晚去大同加菜。

我們踩著城後邊坍塌下來的土堆爬上城牆，沿著城樓走了大半圈，大致還算完整，想想歷經千多年，應該也是有過不少整修，望向城內，廢棄房舍還真不少，這樣的古城已經不多，今日不珍惜，他日就來不及了。這城裡居民至今還多數姓李，說是漢朝大將軍李廣的後代。

初春，灰溜溜的陽光帶來不了多少溫暖，家家戶戶院裡角落院外牆邊仍然堆放著大落的薪材，這裡的冬夜想必是透骨的冷。彷彿可以感受千百年前雪夜裡兵士巡邏時瑟縮的身影、昏黃油燈下喝酒么喝的熱鬧情景。

曾與當地接團旅行社研究，在這樣的古城裡住一晚的可能性。找到人家願意接待是有機會，人數規模需考量，被褥用具可自帶。最大的問題是衛生設備與法令問題。沒有成熟的條件，這似乎不可行。

放火燒山之後，
晉文公演出了一場愚人大戲

● 山西綿山，華人清明祭祖發源之地

「輕輕　落在我掌心

靜靜　在掌中結冰

我慢慢地聽　雪落下的聲音

閉著眼睛想著它會不會停

我慢慢地品　雪落下的聲音

睜開了眼睛　漫天的雪　來陪我這一生好光景

我慢慢的聽雪落下的聲音

是前世的注定是切切的叮嚀」

——改編〈延禧攻略〉歌詞

　　雪花漫天飛舞是北方特有的視覺饗宴。而雪後的寧靜世界，是來自南國我們難得的心靈享受。

　　細雨漂落在盤山而上的車窗，再不久水滴開始起了沾黏，看不清早晨灰濛的車外，但肯定是下起雪來了。

2019.02.28

2019.0

◀ 介之推

　　下車後，我們慢慢走在杉林小徑。來自溫暖世界的我們，享受著這片樹梢上掛滿銀妝的雪白世界，和那寧靜的冷冽。

　　然而，二千六百年前一場來自四面八方，令人無處可逃的漫天烈火，就在這個山頭，燒出了中國的兩個重要節日：寒食節與清明節。

　　春秋時期晉文公（重耳）在外流亡多年，終於回歸登上王位。卻因擺不平朝中人事，任由賢臣介之推（？～636）回到其祖居地「介山」，而後又憂人言，在此放火燒山，想要逼出介之推，曾經追隨他落難在外十九年，一度割股肉餵食活

◀ 山崖上閉關洞

2019.02

其命的忠心臣子，最後竟背著老母命喪於此。

事後，晉重耳假惺惺上山祭拜之日，在宋代之後演變成為祭祖的清明節。而清明節的前一日，重耳下令全境禁止生火炊食。家家戶戶也不捨命喪於火的介之推母子，因此皆寒食以為追念。此風俗流傳成為寒食節。我們今日只知四月五祭祖，也當知此風俗緣由於介山（今綿山）介之推的這段往事。

如果說情人節代表浪漫，萬聖節滿街調皮鬼，感恩節是豐收與感恩，那寒食節就是標示這位古代君主無能無情的假惺惺行為。

我們在山西綿山，中國清明節發源之地。來自我家鄉的南部朋友們很難想像這樣的冰凍世界，大家似小童般興奮的在冰上玩耍，在結冰溪流上的破口處好奇的探望著能否真的能臥冰求鯉。互相牽扶著小心翼翼地去踩踏溪上的結冰有多厚。想來南台灣的朋友們來到綿山之前，大家看過最厚的冰塊大概就是冰店的那塊剉冰吧！

身為4A級旅遊景區，綿山有北方山水的險峻粗獷，又有江南名山的秀麗多姿。歷史文化名山「無峰不奇，無水不秀，無洞不幽，無道不險」，應無誇大。

　　看著大家不要玩得過份，在安全的考量下在冰上走動著，我們也陪在旁享受這片寧靜，想起了〈雪落下的聲音〉這首當紅歌詞：「我慢慢地聽，雪落下的聲音，閉著眼睛幻想它不會停，你沒辦法靠近，決不是太薄情，只是貪戀窗外好風景。」這樣的詞這樣的景，大概就是做為一個旅人能感受到的確幸吧！

　　初冬遊客甚少，我們悠閒的看山看廟拜菩薩，祈求雪下這樣就夠了，不然怕稍後封路下不了山。

　　走訪山西，搭乘東方航空從武宿國際機場進入進入太原，走訪介休，我們今天到達綿山，接著前往壺口瀑布後進入平遙古城，再經雁門山廣武城到達大同。接著要走訪的是雲崗石窟，五臺山，懸空寺，之後就會回到太原結束山西之旅。

走進三國 閬中古城

● **嘉陵江畔，日出閬水**

　　三國時，張翼德奉劉備令駐閬中（閬，音浪四聲），扼川北入蜀之重鎮。

　　西元219年關羽不肯降吳被孫權斬殺。221年，張飛為義兄報仇發兵前，被部下叛殺。三國夢斷，魂斷閬中。一代名將張飛長眠閬中古城。再兩年後（223年）劉備病逝於白帝城。

　　孔明輔佐劉阿斗十二年後，於建興十二年（西元234年）病逝於五丈原軍中，年五十四。自此進入後三國時期。

我們從重慶沿著嘉陵江北上，三百五十公里到達閬中市。閬中古城，至今還算保存完好，城裡還留有昔日三國在此的歷史遺跡。

張飛在此駐紮，出兵東征孫權前夕，被帳下將領張達、范彊殺害。兩人帶其首級東奔孫權，事發行跡敗露，倉皇中將首級丟入嘉陵江中。被漁夫拾獲而安置重慶。自此張飛「頭葬雲陽，身葬閬中」。他的二哥關羽死後「頭枕洛陽，身臥當陽，魂歸故里」。

在三國時期，誰砍了誰的頭、誰被誰砍了頭，是一再發生的事情，但也只有這兩兄弟，得到了千古人們的敬仰祭祀。（雲陽在重慶附近，當陽在湖北，關羽故里在山西運城）。

當時諸葛亮北伐曹魏，閬中距離咸陽（今西安）也就不過六百多公里。打了幾十年出了許多華夏歷史上的名相名將。這幾百公里路上發生的戰役遺跡。許多還在千年後的今日存在，我們一路旅行一路尋找。

閬中城內漢桓侯祠，是三國文化旅遊線上的重點勝地，祠前一對守護千年的威武石獅，述說著張飛被手下叛殺的悲慘故事。

自古以來，杭州西湖邊上岳飛墳前一直跪著四個奸臣（本來是五個），在閬中張飛墳前也跪著范疆和張達。這兩處都立了牌，寫著「文明社會，不要對雕像吐痰」，但遊客多不予理會。

到了乾隆時期，還產生了千古名句「青山有幸埋忠骨，白鐵無辜鑄佞臣」，被唾棄至此也是一絕。

北魏孝文帝拓跋宏 ▶

是誰挾持了漢獻帝？

● 魏晉南北朝之南方風雲

　　歷史書裡都說曹操挾持了漢獻帝（劉協），挾天子以令諸侯，事實上曹操把三個女兒嫁給了劉協。沒有曹操，在那個動盪時代，劉協不知道要到哪裡安身，也許早被某個諸侯滅了。看起來倒像是漢天子挾持曹操，或是說互相挾持吧。

　　話說蜀漢建興六年（西元228年），諸葛亮端坐西城上焚香操琴，城樓下城門大開，曹魏大將司馬懿率領大軍兵臨城下準備攻城。此時的諸葛亮氣定神閒輕捻著琴弦，看向城下馬背上的司馬懿：「司馬懿啊，我城中並沒有兵馬，可是你敢進來殺我嗎？」

　　城下的司馬懿與諸葛亮遙遙對望著：「好你個諸葛賊人，我知你城中沒有伏兵，給我搞這套空城計，論奸詐，你是我對手嗎？今日且饒你一條老命！」於是司馬懿領軍退去。

　　空城計，三十六計中的第三十二計，意思是對戰中故意露出破綻來混淆對方判斷進而求勝或破險。

　　當時三國鼎立，司馬懿身為曹魏大將，也是曹魏最忌憚的領軍將領，如果當時攻入西城殺了諸葛亮這個對抗曹魏最久的可怕對手，今後司馬懿就會面臨兔死狗烹的命運，這不符合司馬懿的利益。於是兩人心知肚明的合演了這場空城大戲。

　　西城所在，應是今日甘肅天水（古秦州）西南百二十里的地方，這場戰爭，只存在於羅貫中的《三國演義》裡，歷

◀ 雲崗石窟群
▼ 石窟內的彩雕宮殿

2018.11.09

史上是不存在的。三國演義我們熟知諸葛亮，而司馬懿隱藏極深，當時瞭解他的，可能就是曹操與諸葛亮了。

　　我們再來看看曹操這個一生做白工的悲催梟雄，大家都說他挾天子以令諸侯，其實他一輩子都在對抗劉備、孫權兩大勢力，在勾心鬥角惶恐中度日，還要應付北方凶猛諸國。漢天子反正沒事幹，你曹操辛苦去吧！

曹操一生辛勞也不敢稱帝，倒是在他病逝後，當了三十一年安樂皇帝的漢獻帝不敢再居上位，在西元220年一見曹操病逝，迅速把帝位讓給了曹操的兒子曹丕。東漢就此消失，延續四百年的漢朝（西漢加上東漢）走下歷史舞台。

　　曹丕不顧其父與漢獻帝互相為伴大半輩子的交情，在曹操病亡之後立刻趕走漢獻帝自己稱帝。再一年，劉備隨即在成都稱帝（史稱昭烈帝），孫權在七年後也稱帝。這些「忠義之士」，是否都在等漢室滅亡然後稱帝呢？

　　曹操在生時的正式官職是「魏王」，曹丕的曹魏之後被司馬炎篡而亡。曹操之後，司馬懿實際掌握了所有軍權，他的兒子就是「司馬昭之心路人皆知」的那個司馬昭。司馬昭天天都想篡位而立，連路人甲乙丙都知道他的野心，但他也沒有篡位，倒是他的的兒子司馬炎廢了魏帝曹奐，稱帝改國號「晉」開啟共一百五十四年的兩晉時期。曹魏歷經五帝、四十七年亡國，退出歷史舞台。

　　從西元220年曹丕篡東漢，一直到589年隋煬帝楊堅滅南陳重新統一，共三百六十九年，中華民族在這期間弱肉強食，打破再重整，也為後代的融合做了殘酷的犧牲。這時期就是「魏晉南北朝」，又稱「三國兩晉南北朝」。這個時期朝代更迭快速同時多個政權並存。

　　這個紛亂的時期，中原一帶就是亂成了一鍋粥。而同時期北方各民族因為沒有了強有力政權的約制，也是個別勢力崛起，「五胡亂華」「五胡十六國」，講的就是這個時代。

　　當時，南方諸國亂成了一團。而北方呢，也沒有好到哪裡去。但在這一片混亂中，五胡中的鮮卑族在北方穩定成

長，建立王朝，默默的宣揚佛教開鑿山西雲崗石窟、河南龍門石窟，為人類留下了偉大的宗教藝術瑰寶。

最後補充一些小典故：

「說曹操曹操到，當面錯過豈不可笑」，這是講曹操的。

「司馬昭之心，路人皆知」，這是講司馬昭想篡位的事情是公開、大家都知道的。

「何不食肉糜」，這句話是司馬懿的重孫晉惠帝說的。這位司馬懿的後代被後世評為「其實不是昏庸，只是智能不足」。

「司馬」這個姓，在華人姓氏中排名第五百四十九位，現今不足三萬人，但卻出來十五個皇帝，統治中國近兩百年。

「為嚴將軍頭，為嵇侍中血」，文天祥〈正氣歌〉中的「嵇侍中血」講的是嵇侍中為保護晉惠帝而被司馬穎所殺，血濺在晉惠帝衣上，晉惠帝叫屬下不要將忠臣嵇侍中的血洗去。這個好像跟「何不食肉糜」的同一個晉惠帝有很大反差。

「周公恐懼流言日，王莽謙恭下士時，假使當時身便死，千古忠佞有誰知？」這是在講王莽的。王莽其人，篡西漢自立「新」朝。只存在十四年，被劉秀建立的東漢所滅。

「樂不思蜀」講的是劉備兒子劉阿斗劉禪投降曹魏後，被軟禁在洛陽封為魏國公，某日司馬昭問他會不會想念故鄉蜀國，阿斗回答說他在洛陽很快樂，不會思念蜀國。其實阿斗不笨，這樣講人家就不會殺他。

東漢並非傳承自西漢，其實是兩個王朝。西漢劉邦與東漢劉秀沒有直接傳承，只是同姓打個名號而已。

李自成三圍開封

　　明朝末期，崇禎十五年（1642年）四月，李自成率領號稱三十萬老營兵馬與百萬飢民第三次圍攻當時號稱最堅固的開封城。守城官兵則有十七萬，號稱四十萬。

　　李自成打了幾年的順風仗，所到之處無不是城門自開，歡迎起義農民軍的到來。而攻打開封數次，還被明軍一箭射瞎了左眼而退兵，這個仇是非報不可。

　　歷代國境重心是中原，河南開封更是其中心位置，得中原得天下，闖王李自成的農民軍這次恐怕不會輕易再退兵了。

「近來貧漢難存活。早早開門拜闖王，

　　不當差，不納糧，大家快活過一場。」

▼ 開封包拯官衙

明朝末年，連年天災糧食無收，朝廷又對百姓開徵三鉤，百姓苦不堪言。明末進士—李岩—投降李自成之後寫了這首「闖王之歌」，無數飢民誤以為會有飯吃而加入農民軍，事實上成為了流寇。

攻城之時，飢民都是拿著木棍木牌，被驅趕往前填溝壑的消耗犧牲品。百萬飢民在戰爭中全數成了炮灰。

三圍開封天寒地凍，兩邊陣營都承受了巨大的壓力。到了最後臨界點，開封城內已無糧食，圍攻的農民軍更加凶猛驅趕著飢民，在城牆下刨牆挖洞打算破城。

同年九月，時值暮秋，水勢暴漲，加以暴雨，十五日黃河決口，十六日洪水首先沖開曹門，然後四門皆被沖開，開封城破。

在這場沒有贏家的戰爭中，「西南賊俱遠遁，東北賊溺死無數」，李自成還是沒有攻入開封，移師河南西部。

黃河決口，是明軍還是農民軍所為？數百年來無定論。在農民軍方面，號稱的百萬飢民大概全消耗掉了，開封當時活口十不得其一，以五十萬人來算，大概就只是五萬人存活。到底是誰出的餿主意，破提防水淹開封城，淹沒一百多萬人民？

八朝古都開封，在歷史上有三次徹底毀滅：

第一次，是西元前225年秦王嬴政圍困大梁，引黃河水灌城，致使城垣蕩然無存，埋於泥沙地下。

　　第二次，在北宋靖康二年（1127年），金兵攻陷，使這座當時世界上最繁華的都市淪為廢墟。

　　第三次，就是這次，李自成三圍開封，城北黃河決口，全河入城，百姓盡成魚鱉，釀成空前絕後的人間慘劇。

　　明末滿清入關後，在官宦富商家中地窖裡，收繳出白銀上億兩、已腐敗的糧食百萬斗，歷史上的朝代末期，大概都是這樣，豪門酒肉多到發臭，路上飢民多到造反。三百年後的1938年6月，抗日戰爭時，開封再遭人為毀堤，黃河水從花

園口灌入。無法計數的受害人口恐高達百萬（這個數目比較可信）。

今日在開封旅遊，我們在大街小巷間遊逛。這裡如同其他的古城，老城區街巷複雜，但保有許多傳統景觀與食物的體驗，人們依然熱情友善。新城區新建築林立，商鋪繁榮。有個特色就是沒有太高的樓，也沒有地鐵。畢竟地底下都是泥沙淤土，政府也不可能讓挖地太深，弄不好就挖到誰的祖先或是哪個皇帝家裡去了。

鐵塔 ▼

《清明上河圖》描繪北宋京城汴梁（今開封），汴河兩岸繁華熱鬧景象在圖中有精彩的記述。到了開封要一睹仿其景建照的「清明上河園」。雖說只是個仿古的商業建造，但我們還是能在其中體會古時的街市風味。

禹王台公園、鐵塔公園、大相國寺留有大量古文化，也可感受現代當地人日常生活。

在這裡可安排走訪小宋城，有吃有喝有購物，三樓有大型豪華歌舞劇，我們當時看的是《千回大宋》。而眾所知的「開封有個包青天」，戲劇裡描述的人物竟然跟事實有天大的差距，這些可在包公祠現場解說。

日落山丘——狄青

狄青策於馬上，心中熱血沸騰，絲毫不覺塞外酷寒。策馬快
速前行，腳下雪花飛濺。猛地對空一揮長鞭，雪白駿馬長聲
嘶鳴疾奔而去。眾人行蹤隱現於飛雪之中，寒風吹起大氅披
風現出一抹鮮紅。上了日落山丘，狄青猛然勒住馬韁，往前
望去，天地間一片蒼茫。

登上日落山丘
遠處飄揚著傳說
流落在荒涼沙漠
誰在唱那縹緲的承諾

——改編歌詞

狄青（1008—1057），北宋（960-1127）傳奇人物，唐朝
宰相狄仁傑之後代，官至樞密使（今之國防部長）。

通俗小說中，狄青為其大哥報仇，將凌虐他殘疾大哥的
市場刁民打殘因而入官，郭遵見他重情義保他從軍，從而開
啟他的戎馬生涯。從軍前狄青在汴梁（今日開封）街上偶遇
初戀情人，兩人結下情愫許下承諾。在狄青從軍後，情人卻
遭意外陷入昏迷。

　　據說狄青從軍後，終日戴著青面獠牙面具，是為了掩蓋他的黥面（宋代士兵臉上皆紋字以防逃兵），也為遮掩流露在臉上因戀人長期昏迷、生命難保的悲傷，一說是為了掩飾俊秀面容帶上獠牙面具，在戰場上讓敵人望而生畏。

　　長期積弱被邊疆民族欺壓的宋朝，等到狄青出現後力挽頹勢，而他也因戎馬生涯幾乎沒吃過敗仗而成為民族英雄。市集中酒肆裡紛紛傳頌他的事跡，說書人又把他帶著神秘色彩的青面獠牙面具，講成了許多版本。其中一說就是狄青追逐儂智高到了崑崙山山，就是為了尋找找藏族密地「香巴拉」，進入長滿了靈草仙藥的通靈峽谷。

1933年英國小説家James Hilton在小説《消失的地平線》（Lost Horizon）裡描述了在群山包圍中由藏傳佛教僧師所統治的「香格里拉」，一個神秘而和諧，居民長生不老的村落。香格里拉（Shangri-La）是個虛構地名。根據作者生前足跡與所經之地來推敲，這個作者虛構的地名可能是描述崑崙山脈十萬大山之中的村落。

　　2001年雲南「中甸」搶先登記正式改名為「香格里拉」。崑崙山脈中，《消失的地平線》那個古老村落，至今仍是旅人與探險者響往的烏托邦桃花源。

　　我們的旅途中，有幾個地方可以一訪狄青所經之處。狄青在今寧夏銀川大戰黨項族。北宋皇祐五年（1053）狄青率軍在崑崙關大敗儂智高。又追打到廣西大山中的「通靈大峽谷」。

　　傳説中儂智高敗走時埋藏大批寶物在峽谷洞穴裡，他帶領著追隨者又去了哪裡？至今都還是無解的謎團。

　　我們從廣西南寧前往友誼關（昔日鎮南關）、明江、靖西明仕田園、德天瀑布，經十萬大山往通靈峽谷，再轉往巴馬長壽村。

　　算算路程，狄青從銀川前往廣西通靈大峽谷約是兩千多公里。我們乘大巴吹冷氣，他則是騎馬吹著風，真的很辛苦。

　　傳説很迷人，説書人靠講傳説走江湖，我們追著傳説去旅遊。

▲ 稻城亞丁

燒了鴉片後——
流放吐魯番的林則徐

清道光19年（西元1839），林則徐在虎門銷毀鴉片成為禁煙英雄，但也因引發中英鴉片戰爭（1840年）而遭革職，後以罪臣身份流放伊犁（新疆）。

流放吐魯番時，林則徐組合士紳與同情他的地方官員，將民間水利工程「坎兒井」大舉開鑿；有了水利之後，吸引大批百姓遷徙至此開墾。

來到吐魯番，必要做的幾件事：到火焰山拜訪孫悟空與鐵扇公主、品嘗各類甜瓜與葡萄、參觀「林公井」。

● 因為有了坎兒井，最乾旱的土地成為瓜果之鄉。

史載漢代就有挖掘地下窖井的工程，林則徐又在吐魯番七克台鎮興建了六十多道，人稱「林公井」。

挖掘坎兒井，首先在地面由高至底打下豎井口，將地下水匯聚。然後，在井底修通暗渠，將地下水引到目的地，才把水引到地面。這樣地下水不會因炎熱及狂風而被蒸發或污染，也兼之有儲水功能。

林則徐流放吐魯番時，上報朝廷寫的是「卡井」，因為他的閩南口音，發不了捲舌的「坎兒井」。有了水利之後吸

引大批百姓遷徙至此開墾，成就了今日的瓜果之鄉。

來到新疆，在吐魯番可以待兩天，品嘗各類甜瓜與葡萄，參觀「林公井」，景點比烏魯木齊還要多：柏孜克里克千佛洞、交河故城、高昌故城、葡萄溝、坎兒井、火焰山、蘇公塔、郡王府、吐魯番博物館，這些都可以組團方式或包車到達。

1. 鐵扇公主
2. 火焰山
3. 齊天大聖
4. 挖井工程

①		④
②	③	

玄奘法師大佛寺講經台 ▲

高昌古城

　　玄奘法師前往西域，途經高昌國與國王麴文泰結為兄弟，停留講經。

　　離去時，麴文泰備妥度牒，盤纏與馬匹，痛哭流涕親送至百里外的交城。

　　相約回程時要來停留三年講經弘法。

　　十七年後，當法師如約，再來到高昌，麴文泰與高昌國已被唐朝所滅。

　　三年之約成了在大漠裡野風中永久的嘆息。

　　到吐魯番來可來交河故城、高昌故城一遊，這裡還留著當年法師弘法的大佛寺講經台。

▼ 高昌古城

可可托海，
一個美得讓你心悸的回憶

多久沒感受過了，一首歌可以讓我們回到年輕時光，讓我們心情悸動！

遙遠的可可托海，遙遠的伊犁，那可是相距一千一百多公里，換兩條高速要開好幾天。就算騎著駱駝慢慢可以前往，我們的青春呢，可以回頭前往嗎？

北疆環線，第三天我們從富蘊前往可可托海，第八天才會到伊犁。時值六月，春暖花開大片草原。牧童騎馬吆喝牛羊。要欣賞這片土地的美，必須親臨。

溫暖的陽光照耀在草原上，曾經潔白的積雪消融殆盡，青嫩的牧草茁壯的成長起來。眾家野花在草叢中肆意開放，努力生長，用一切生命力來抓住轉瞬即逝的春光。

高地草原上的春天非常短，南風一吹，一轉眼原本枯黃的大地就披上了綠裝，一下子冬季就進入了夏季，快得讓人來不及接受。

這位總是輕聲細語的師姐，在我們從烏魯木齊出發的第三天，在可可托海的那天早晨，走在我身旁輕輕的說：「前兩天一直抱怨這裡的廁所怎麼這樣，現在要轉念了，風景真迷人，我可以忘掉那個廁所了。」她家先

生走在我們前方，聽了她的話，淡淡的回頭說道：「就跟你說了，前腳走後腳放，走過就要放下。」說完又緩緩前行。

這個可以放下，牧羊人可以放下他那美麗的姑娘嗎？可以忘掉他們不回頭的青春嗎？

北疆的六月，我們一路經過了幾個不同的景觀，有連天的大漠，有高原上經歷酷寒冬天，剛發出嫩芽的連天草原。當然還有攔在車前方，半天過不完馬路的大群牛羊。

可可托海有幾個稱號：「綠色的叢林」、「藍色的河灣」、「北國江南」。這由卡拉先格爾地震斷裂帶、可可蘇里湖、「中國第二寒極」伊雷木湖及著名的額爾齊斯大峽谷四大景區組成。這些在我們的感受裡就是一片綠，綠連天的大草原。

可可托海的牧羊人，讓我想起可以放下的這兩位，也讓我們想起曾經有過的青春歲月。

如果再前往可可托海，我要找位牧羊人，喝喝他那甜蜜苦澀的酒。

大草原上的牧民 ▶

原唱：

HTTPS://WWW.YOUTUBE.COM/WATCH?V=OBTECRDUSYI

童聲版

HTTPS://WWW.YOUTUBE.COM/WATCH?V=3FHV_XFUOGW

• 可可托海的牧羊人　詞／曲：王琪

那夜的雨也沒能留住你

山谷的風它陪著我哭泣

你的駝鈴聲彷彿還在我耳邊響起

告訴我你曾來過這裡

我釀的酒喝不醉我自己

你唱的歌卻讓我一醉不起

我願意陪你翻過雪山穿越戈壁

可你不辭而別還斷絕了所有的消息

心上人我在可可托海等你

再沒人能唱出像你那樣動人的歌曲

再沒有一個美麗的姑娘讓我難忘記

神仙住的小村子：禾木村

不進深山，怎得幽谷？日夜思念阿勒泰，我生長的地方。

從烏魯木齊經富蘊（一個充滿俄羅斯風情的邊境城市），到布爾津一路走了幾天進入北境喀納斯湖畔禾木村。大雨之後的幾個太陽天，草原上花草抓緊時間盎然盛開。這裡是土瓦族與哈薩克族人世居的地方，這地方是鷹隼飛翔、牛馬羊奔馳的天堂。

海拔一三九零米的圖瓦人村落，是從布爾津縣前往喀納斯湖旅遊的必經之路。山不高，山谷更顯得開闊，村莊一片安詳。村莊的背後是山坡，山坡的頂端是雪峰。春末夏初，雪峰被蔥綠的樹林遮掩得若隱若現。

　　六月，是拜訪北疆的最佳季節。草長出來了，牧童帶著牛馬羊群出來了，老大爺也出來晒太陽了，還帶著些晚春的冷，遊客還不太多，可以悠閒感受北地風光。

今天要拜訪的新疆北部喀納斯湖，這裡居住著「圖瓦族人」，人數就一、兩千，一個甚至不被承認列入五十六個民族清單，也沒被列入未承認民族列表的超少數民族。

　　山明水秀遠離塵囂，藍天綠草、牛馬羊群。上天給了這群千年來歷經遷徙征戰的民族一個應許之地。

　　圖瓦人的文化特色鮮明地表現在音樂上，一個歌手能夠用不同頻率的泛音同時演唱多個聲部。我們欣賞了正回鄉整備，知名「旱獺樂團」表演的〈在遙遠的喀納斯藏著最後一片淨土〉：

「樹梢的布穀鳥

　叫醒每一個喀納斯的清晨

　漫山的松樹和松子

　像金銀鋪滿山間

　日夜思念阿勒泰　我生長的地方

　爺爺留下的禾木喀納斯」

——旱獺樂團

〈遙遠的喀納斯藏著

最後一片淨土〉

▲ 旱獺樂團的圖瓦姑娘

我們也起個歌來唱唱：

「山一重呀水一圈　我家住在月亮灣

　月亮灣呀水草多　遍地馬牛羊

　清早起　趕著羊兒走水灣

　黃昏後跳上馬背去會情郎

　山一重呀水一圈　我家住在月亮灣

　月亮灣呀美嬌娘　願嫁好兒郎」

　　十三紀時成吉思汗率領大軍西征，從蒙古高原翻過阿爾泰山來到喀納斯湖畔，留下老弱病殘將士留守在此。傳說中圖瓦人就是駐守將士的後裔。

　　無邊無際的高山草原，越過山谷是個草原，再越個山谷還是草原。路旁散落著蒙古包，散佈低頭啃草成群漫步的馬羊。隨著揮鞭策馬的牧民，好一幅草原上美麗風光！

　　漫步在蔥綠林中，要記得用力呼吸那純淨氣息。

到屏東來看雨

　　傍晚的南境，大片烏雲在外海徘徊，應該會下場雨吧！

　　夜裡，外邊果真鬧騰起來，暴雨打著木屋頂，擾亂了度假村裡的寧靜，開著空調的室內有了寒意，明天恆春要是也下點雨來點清涼，那就太好了。

　　1945年二次大戰結束，台灣日據時期也隨之終結。冬天，日本籍教師在遣返船上，一字一句寫下給他台籍學生女友的情書。信封上寫著「台灣恆春郡海角七番地」、「小島友子樣」，但隨著分離兩地兩人各組家庭，成了寄不出去的七封情書。

教師的女兒在父親往生後，整理遺物時發現收藏在衣櫃深處，多年前未寄出書信將之投郵。一番輾轉後，故事以老婦在海邊撫摸著遲來的書信結束。

上述的故事，是著名電影《海角七號》中的情節，像這樣被紛亂時代打散的情事可沒在當時少發生。

同樣的1945年，作家卜寧寫下《塔裡的女人》，背景是無名氏朋友周善同和瞿儂之間的真實故事；書中真實人物化身的提琴演奏者羅聖提與校花黎薇的浪漫純情愛情，歷經了六年終是分手。多年後，羅聖提在療養院尋著歷經滄桑失智的黎薇，看著蒼蒼呆滯老婦，記憶中曾經魂縈夢繫的儷影情人，滿滿思念終是無法訴說，也只能無語默默離去。

而日籍教師保存著對海角七號小島友子的揪心思念，卻因為終其一生無法再見而變深變濃。

說到相見不如懷念，美化後的回憶終究是敵不過經摧殘的歲月。

阿嘉的家只是個戲劇的場景，如今成為觀光景點。但如同還保存片段歷史的城牆，每日都忠實呈現的藍天白雲或瞬間烏雲暴雨，這些些許許的故事，日月陪伴著世代在此居民與來訪旅人。

海角七號（改編版）
　　　　那天的日記天飄著雨
　　　　雲躲進雨中天空在哪裡
　　　　夕陽和海面不再清晰
　　　　在這裡雲總跟著雨

　　　　對海的思念掛在屋角上
　　　　寄給那年七號的雨季
　　　　有些等待不能太漫長
　　　　已經枯萎在心底

　　　記憶中的屏東總是椰
樹下微微的風，總是藍
天總是碧海。多年前如
此，多年後依然如此。
在椰風下踩沙觀浪、到
屏東來看雨。

澎湖望安鄉——青春的哀愁

　　澎湖最美麗的風景是雲，一絲絲的存在藍天碧海之間。導遊世居七美，曾到台北工作，最終還是選擇回到家鄉。我們出機場離開馬公市區，很快感受到他想回家的心情。

　　此行目的地是這個離島的更離島。嘗試旅遊三種層次中的第二種：深度旅遊，加上第三種沒有行程的旅遊。

　　在望安，白天享受獨有的海灘，夜裡在亮麗群星籠罩下，想念曾經有過的夢想、懷念曾經追求過的遠方那片天空。

　　山有山的故事，海有海的歸處。

　　當雲的思念也隨風消逝，島的心事要向誰傾訴？

　　1944年，太平洋戰爭末期，日本海軍仿效神風特攻隊，
開發海上震洋艇，三合板船身，配備大型馬達，隱身海岸壕
洞內。發現敵方船隻時，直接撞擊引發船首大量炸藥敵我俱
焚。是一種瘋狂的自殺攻擊手段。

　　日軍鼓勵學徒兵，海軍預科練習生以身殉國，加入震洋
特別攻擊隊。南洋各地共設立一百四十七個震洋特攻隊基
地。在台灣本島六個，澎湖八罩島（望安島）、漁翁島（西
嶼島）各一個。

外婆的澎湖灣 ▲

一直到日本投降，派駐台灣的震洋特攻隊攻擊艇，幸運地均無實際參與過戰事，震洋兵存活被遣返。其餘地區震洋戰死者在兩千五百人以上。

這些十多歲的稚幼青年兵，鎮日躲在壕洞裡等待也許不會再來的明天。是否時時望著北方惦記親人，是否默默寫著也許寄不回的書信向家人告別？

在不同的時空，我們共享一片蔚藍海洋，但他們的心情，絕對不是至今仍在宣揚的熱血報效天皇。

阮若打開心內的門窗

「阮若打開心內的門　　就會看見故鄉的田園

雖然路途千里遠　　總會暫時給阮思念想要返

故鄉故鄉今何在　　望你永遠在阮心內

阮若打開心內的門　　就會看見故鄉的田園

阮若打開心內的窗　　就會看見青春的美夢

雖然前途無希望　　總會暫時消阮滿腹怨嘆

青春美夢今何在　　望你永遠在阮心內

阮若打開心內的窗　　就會看見青春的美夢」

　　日本戰敗投降13年後的1958年，淡水知名作家王昶雄先生在海邊寫下這首歌詞，描述他留學日本時思念家鄉的心情。歌詞內容意外的似乎呼應望安島這些震洋兵的故事。

　　下午過後團客搭船離開了，留宿島上的遊客不多。我們享受著包島的寧靜。安排了合意的民宿，請他們供應晚餐。

　　這裡沒有什麼餐廳，唯一的全家在碼頭邊。在遠離塵囂的離島，可以靜靜地體會這難得的美好。

　　我們在望安看雲看海看星星，黃昏時走走外婆的澎湖灣。

楓橋夜泊
水鄉蘇州

「月落烏啼霜滿天,江楓漁火對愁眠。

姑蘇城外寒山寺,夜半鐘聲到客船。」

　　唐天寶十四年(西元755年)爆發安史之亂,玄宗倉皇奔蜀。張繼與其他文士逃到今江蘇一帶避亂。在漫天寒霜的夜裡,被困在江蘇的張繼(715—779年)寫下〈楓橋夜泊〉,訴說逃難(一說是進京落榜)的愁緒。

　　寒山寺,當時就是蘇州城外一座小寺,因詩人而名聞天下。自那時起,多事文人對詩中描述景色多有爭議,連歐陽修都懷疑了,怎麼半夜寒山寺還在敲鐘?

　　若說以文寫景,張繼先後用了月落、啼烏、霜滿天、江楓、漁火、姑蘇城、寒山寺、客船、鐘聲,共九種

場景，這也是用詞如此繁複卻不違和的極緻，硬要拗他夜半鐘聲就不夠意思了。

寒山寺因唐朝詩僧而得名，我們可以試試去感受詩裡的九種場景。我們來此，感受詩人的愁，那依然隱約傳來的鐘聲。

江水浩蕩放流千里，在入東海前夕驀然回眸，在蘇州給人們留下一片美麗回憶。

來江蘇，還要知道一首慎芝作詞的〈夢裡蘇州〉。

都為了他　想念著他　又來到太湖邊　手上的花　片片落
摘幾朵漂水面
水鄉蘇州　此恨綿綿　並肩雙影　月下花前　此情永記心田
都為了他　思念著他　永遠不改變　手上一枝　桃花江　撲
鼻味香甜
水鄉蘇州　景秀花艷　最難忘　有情人兩地相思牽

中國有四個名字帶州的城市（荊州、揚州、杭州、蘇州），都留下千古絕唱詩句。我們來看看詩人怎麼說蘇州。

「君到姑蘇見，人家盡枕河。古宮閒地少，水港小橋多。
夜市賣菱藕，春船載綺羅。遙知未眠月，鄉思在漁歌。」
——唐・杜荀鶴〈送人游吳〉

張繼用二十八個字，描繪江上九景，杜荀鶴用四十個字，寫出了蘇州風情。慎芝用歌詞，訴說出對蘇州的相思。

余秋雨説了：「海內美景多得是，唯蘇州，能給我一種真正的休憩。」

日裡遊蘇州的古韻，寬而光滑的石板路，道一旁白牆黑瓦兩三層小樓，小樓底層開著各式店鋪，門面上掛著五花八門的招牌旗子，寫著「豐盛樓」賣的是清爽的雞蛋拌麵、有個用草書寫著「不賣酒」，也不知賣的是啥。也有的直接在旗子上畫著販售的用品鍋碗瓢盆之類的。

另一邊是清澈的河水，伴著蜿蜒石板路看不到盡頭。河上窄而長的烏

▲ 楓橋夜泊（插圖：陳麗敏）

篷船帶著遊客來來往往，每隔些許的地方，便有拱形小石橋供行人通過，水上路上各自悠悠而行倆不相礙。

夜裡船遊蘇州情懷，夜色中古運河帶著幾分靜謐。沿岸燈光映著蕩漾水波，在曲折幽深的古道與粉牆黛瓦的仿古建築中穿梭。

到七里山塘看的，是紅燈籠底下枕河人家的燈火闌珊。

現在的旅遊，總是把上海、杭州、蘇州綁在一起。其實，蘇州可以多留數日細細品嘗。帶一首歌一首詩詞來蘇州，打小船買菱藕，汎舟太湖聽漁歌、訪寒山寺、享受蘇州風情，會有不同的體驗。

旅途中最美麗的風景

　　任何旅行都會有結束，各自返家的時候。通常我們都會用這首〈期待再相會〉來告別行程中的夥伴。

「再會　再會　難分難離在心底
哪知時間又經過　不敢說出一句話
雖然暫時欲分開　總是有緣來作伙
只有真情放心底　期待你我再相會」

感謝您終於翻到了這一頁，或是直接翻到
這一頁，要是沒翻到這頁，那就可惜了，畢
竟，得到相片中本尊同意秀出的彩蛋，不是人
人都能見到。

在台北無法出行這段時間，整理旅途中的
筆記，終於也到了尾聲。

每次出門旅行都是美好的機緣，很幸運與
夥伴們在旅途中度過愉悦的時光。

　　緬甸茵萊湖上，人們仍然過著傳統水上耕作的生活。我們搭快艇乘風破浪，在水上農場採番茄，享受幽靜時光。

- 〈萍聚〉

> 「別管以後將如何結束　至少我們曾經相聚過
> 不必費心地彼此約束　更不需要言語的承諾
> 只要我們曾經擁有過　對你我來講已經足夠
> 人的一生有許多回憶　只願你的追憶有個我」

　　那位在船上熱情演出「絕代雙嬌決鬥黃昏大鏢客」的可愛身旁好心人，悠悠唱起這首久已遺忘的救國團歌曲。

人的一生有許多回憶，願每個人都要美好。

與美好的朋友同行，旅途，不孤獨。

國家圖書館出版品預行編目(CIP)資料

旅途不孤獨：旅行是行走在對遠方的渴望/李
茂樟著. -- 臺北市：致出版, 2021.12
　　面；　公分
ISBN 978-986-5573-28-7(平裝)

1.旅遊文學 2.世界地理

719　　　　　　　　　　　　110018825

旅途不孤獨

作　　者／李茂樟

執行編輯／洪聖翔、陳偉豪

封面題字／蔡弘凱

插　　畫／陳曉瑩、陳麗敏

修　　圖／王中平

出版策劃／致出版

製作銷售／秀威資訊科技股份有限公司

　　　　　114 台北市內湖區瑞光路76巷69號2樓

　　　　　電話：+886-2-2796-3638

　　　　　傳真：+886-2-2796-1377

網路訂購／秀威書店：https://store.showwe.tw

　　　　　博客來網路書店：https://www.books.com.tw

　　　　　三民網路書店：https://www.m.sanmin.com.tw

　　　　　讀冊生活：https://www.taaze.tw

出版日期／2021年12月　　定價／360元

致 出 版　　　　　　　　　　　向出版者致敬